政論文學：理想系列 341

理想家園 3414
理想國度 3415
理想世界 3416

理想國度

蔡輝振　編撰

天空數位圖書出版

目　錄

自　序

　　本書為筆者繼《政論文學・論戰系列（臺灣選戰、兩岸論戰、國際驅戰）》之創作後，再推出《理想系列（理想家園、理想國度、理想世界）》的作品，並以《理想國度》為名，乃基於東方孔子的〝大同世界〞，西方柏拉圖的〝理想國〞等，雖已歷數千年的實踐，然依舊不可得，這其中必有問題存在，實值得吾人去探討、去研究，尤其是今日國際霸權國家橫行依舊，並舉著正義之師的假道學，為達目的不擇手段地發動境外區域戰爭，驅使鷸蚌相爭，自己做收漁翁之利，致目前烏俄已開打，臺海、南北韓等區域情勢緊張瀕臨戰火，實令人憂心。

　　國際名人，文壇大家〝魯迅〞，最為人所詬病的便是：僅將舊社會及國人最醜惡的一面，掀開給人看，以引起〝療救〞之注意而已，他並未進一步的開出療救藥方，來改善這個社會，所以魯迅只不過是個社會病理學家，而不是個社會病療學家，因為他只能揭露社會病態，卻不能醫療這個病態的社會。誠如梁實秋說：

> 你（指魯迅）罵倒一切人，你反對一切主張，你把一切主義都褒貶得一文不值，你到底打算怎樣呢？請你說出你的正面主張。[1]

　　這是魯迅最不足的地方，所以蘇雪林說他是個〝虛無主義者〞。[2]因此，本書將以務實的態度，分析造成國家紛亂之根源，如何解決？並企圖從各種不同的角度，提出看法，最後開出療救

---

[1] 見梁實秋：《關於魯迅》，（臺北：傳記文學出版社，民七十七年一月三十日），P.4。

藥方，以讓世人參考，從中思索，以求尋得一條康莊大道，讓人類邁向理想的國度，不僅是人民的幸福、國家甚至是世界的美好未來，更是吾人對歷史負責的態度。

生命無價，唯有自己可決定其生死，他人無權置喙，吾人所能努力的，便是要求執政者應盡可能讓人民充分了解情勢，尤其是彼此間的了解，因為不了解，容易產生誤解，誤解會造成誤判，誤判容易發生悲劇，悲劇如果緣於誤會，那就得不償失。如能彼此了解，進而有正確的判斷，正確的選擇，縱然悲劇發生，也是自身的選擇，無可怨尤，也是死得其所。任何一個國家領導人，應致力給人民有這樣的選擇權利，生死大事，絕不可欺騙人民，才不會留下〝不道德〞的千古罵名。

本書本著孟子之「頌其詩，讀其書，不知其人可乎？是以論其世也。」意即吟詠他們作的詩，讀他們著的書，不知道他們的為人行嗎？因此要研究他們所處的時代啊！如此才能掌握作品的精髓。同理，要解決問題，首先要了解事物的本質，才能掌握問題的所在，進而尋求解決問題的方法，順勢而為水到渠成，以及唐太宗之「夫以銅為鏡，可以正衣冠，以古為鏡，可以見興替，以人為鏡，可以知得失。」等三鏡中之〝以古為鏡〞的精神，並以中國為例來做說明。首先對本書相關問題做導言，接著探討〈國家興衰之回顧〉，以了解其因由並加以借鏡取法；而後再探〈國家紛亂之根源〉，以求〈國家紛亂之解決〉方法；進而提出〈國家理想之體制〉，以達到《理想國度》之目的；最後做出結論，並提出〈理想國度人間天堂〉，以讓世人參考。

人生際遇，本是無數因緣的組合，任一環節之失落，皆可能

---

2 參見蘇雪林：《我論魯迅》，（臺北：傳記文學出版社，民六十八年五月一日），P.15。

促成其不同結果，因果關係乃天理循環的定律，小至個人大至國家，甚至世界均是如此。正所謂「莫因小善而不為，莫因小惡而為之。」因一件小事，就可能因緣際會成為一件大事，昔日之周幽王為取悅褒姒一笑的小事，最終釀成周朝滅亡的大事；今日之年輕戰士在赴沙場中，救助婦人一銀元的小事，最終成了挽救自己一條生命的大事。[3]所以，只要每個人在通往理想國度的途中，或多或少做一點善事，最終定能積沙成塔，滴水穿石達到孔子的大同世界，柏拉圖的理想國，筆者即在做這樣的小善。

　　本書之撰寫，乃以〝人生以幸福為目的〞的立場來論述，純屬筆者主觀上的理想，並秉持〝明知不可為而為之〞的儒家精神，以及〝一切學問理論講究要通過可檢證性（verificability）的才是真〞的邏輯實證論（logical positivism）精神。不管是問題論證或是筆者主張，皆以務實為基礎，以科學為依據，不若孔子的大同世界，柏拉圖的理想國等那麼高境界，有如在高空中建造一座華麗的樓閣，讓我們這些凡夫俗子只能望樓興嘆！

---

[3] 佛光山星雲法師說：在抗戰期間，有一位年輕戰士趕赴沙場的途中，救了一位想要跳河自盡的婦人，婦人被救上岸之後，不但沒有感謝青年，還責怪青年害她生不如死，在青年一再的詢問下，婦人才傷心欲絕地道出自盡的原因：原來她的丈夫遭人陷害入獄，家中留下年邁多病的高堂，以及三個嗷嗷待哺的稚子需要侍奉撫養，奈何家徒四壁，只好將僅有的衣物典當得一塊銀元，以治療母親的陳年病疾，哪知屋漏偏逢連夜雨，奸詐的商人卻以假的銀元欺騙她，在生路斷絕之下，只好一死以求了斷；青年聽了之後，惻隱之心油然而升，便對婦人說：您的遭遇太值得同情了，我這裡有一塊銀元，請您拿回去安頓家人，為了避免再危害他人，請您把假的銀元給我吧！青年拿了假銀元，不經意地隨手往口袋一放，就出征去了；在一次激烈的戰鬥中，一顆子彈朝青年的胸膛射來，正巧打在放著假銀元的部位，假銀元凹陷下去，卻救了青年一命，於是青年拍手讚歎說：太值得了！這一塊銀元真是千金難換啊！由於青年一念之小善，以一塊銀元救了婦人一家，也為自己掙回後半生的人生大事；星雲法師所講的這個故事，很受世人啟發。

　　筆者之理想國度能否實現，自然非筆者所敢妄想，僅勉之為之，何以如此？只緣於執著那一份憂心，並發洩發洩心中的苦悶而已。至於文中所參考文獻或引用圖文資料，以《維基百科》為主、《百度百科》等為輔，並由於是系列叢書，更為了說明完整，書中重複現象，在所難免。當然！如有缺失，還望時賢指正，或不慎侵權時請告知，筆者將立即改正，特此聲明！

　　由於每個人的出生背景、教育環境、人生際遇、價值觀等皆有不同，立身處世自有不同，難於取得共識，加上人性之私慾作祟，造成凡是有人的地方就有爭奪的現象，以至個人、家庭、社會、國家，甚至世界的紛亂不斷。尤其是霸權主義者，有如弱肉強食的狼，總喜歡披著羊皮，想盡辦法蠶食弱小的族群，還一副正義凜然。弱小族群豈是白癡，卻也無可奈何，只能獻出感激並笑臉迎人。這不僅是弱小人民的苦難，也是人類之悲哀。然當我們在飽嘗戰火蹂躪後，實應思其前因後果，進而引以為戒，時時不敢或忘，歷史悲劇或不復發生。尤其是今日世界的局勢，地球暖化，造成極端氣候，不知喪失多少條生命，多少身家財產，以及區域衝突日益惡化，已面臨戰火邊緣。人類仍不思改善，向文明提升，反而為國家或個人之私利，而向下沉淪，最終人類將不復存。還望吾人能慎重，有遠見，不要重蹈覆轍，才是人類之福！也是筆者所盼。

蔡輝振 寫於臺中望日臺

2023.母親節

壹、導言

　　人性、體制與思想，乃人類是否能走向幸福之路的三大要素。其中，又以適合〝人〞生活的體制，也就是社會制度（Social Institution）最為關鍵，小至個人家庭，大至國家社會，皆是如此。因人乃群體生活的動物，需要一套制度規章的體制來約束，否則人類行為無準則，便不知對錯，縱人性是善，爭端也會發生；有健全的體制並賞罰分明，便能制約人性。善者得到獎賞；惡者得到處罰，如此便能構成良性的互動關係（interaction），人類就有走向幸福之路的可能。當然，如果人性是純樸善良，加上一套健全體制，那〝理想國度〞更是指日可待。

　　姑且不論人性的善惡為何？孟子（公元前372年－前289年）性善論下的倡仁義、崇禮治，荀子（約前316年－前237年）性惡論下的倡刑賞、崇法治或柏拉圖(Plato,前429年－前347年)的至善論、理想國等古今中外之聖賢，均已歷經二千多年的實踐，然大同之治依舊不可得，這其中必有問題存在，實值得吾人去探討、去研究。根據筆者的研究發現，古之聖賢對於人性善惡的主張，不管是善是惡，或是中性等，皆止於哲學上的推論，缺乏科學論證與依據，以至二千多年的探討與實踐，連人性到底是善是惡，都無法確認，眾說紛紜，莫衷一是，遑論大同世界、理想國的實現。

孟子；圖片來源：
《維基百科》

荀子；圖片來源：
《維基百科》

柏拉圖；圖片來源：
《維基百科》

　　雖然如此，但人性的善惡卻關係著人類之禍福，蓋一位思想家對於人性的看法，往往會影響他在其他方面的主張，例如：

　　一、中國韓非子（約前281年－前233年）〝厚賞重刑，以法治國〞之主張來自他對人性好利惡害的看法，他說：「好利惡害，夫人之所有也。」又說：「夫嚴家無悍虜，而慈母有敗子，吾以此知威勢之可以禁暴，而德厚之不足以止亂也。」、「聖王之立法也，其賞足以勸善，其威足以勝暴。」可見，韓非子主張法治的理由來自人性好利，禮不足以治國且需厚賞重刑才能見效。秦始皇（前259年－前210年）效之，於是引發人類史上〝焚書坑儒〞的悲劇，其人民也在〝嚴刑峻法、苛刻寡恩〞之環境生活。

韓非子：圖片來源：
《維基百科》

秦始皇
圖片來源：《維基百科》

　　二、德國・馬克思（Karl Marx,1818年－1883年）〝無產階級專制的共產社會〞之主張亦來自他對人性好戰的看法，馬氏認為並非是人類天生好戰，而是受歷史進化中，階級鬥爭之環境所造成，他說：「整個歷史也無非是人類本性的不斷改變而已。」又說：「整個所謂世界歷史不外是人通過人的勞動而誕生的過程。」、「物質生活的生產方式制約

馬克思
圖片來源：《維基百科》

著整個社會生活、政治生活和精神生活的過程。……於是這些關係便由生產力的發展形式變成生產力的桎梏。那時社會革命的時代就到來了。」、「關於外部環境對人的影響，……並使每個人都有必要的社會活動場所來顯露他重要的生命力。既然人的性格是由環境造成的，那就必須使環境成為合乎人性的環境。」、「代替那存在著各種階級以及階級對立的資產階級舊社會的，將是一個以各個人自由發展為一切人自由發展的條件的聯合體。」

可見，馬克思主張共產社會、無產階級專制的理由乃來自人性好戰之階級鬥爭，認為人性是由階級鬥爭的環境所造成。而階級鬥爭又是歷史社會進化原因，所以唯有建立一個無產階級專制的共產社會，人類才能自由發展。毛澤東（1893年－1976年）信之，於是又引發另一場人類史上〝文化大革命〞的悲劇，其人民也在〝物質貧乏、提心吊膽〞之環境生活。

毛澤東
圖片來源：《維基百科》

三、法國‧盧梭（Jean-Jacques Rousseau, 1712年－1778年）〝民主社會、天賦人權〞之主張即來自他對人性天生善良的看法，他說：「人類天生是善良的。」又說：「人是生而自由的」、「這種人所共有的自由，乃是人性的產物」、「任何人對於自己的同類

盧梭
圖片來源：《維基百科》

都沒有任何天然的權威」、「凡是不曾為人民所親自批准的法律，都是無效的；那根本就不是法律」、「政府只不過是主權者的執行人。」可見，盧梭主張民主社會、天賦人權的理由來自人性天生善良，認為人類天生本善且賦有自由、平等的權利，任何人都不能剝奪，所以唯有建立一個自由、平等的民主社會，人類才能享有幸福。目前所有民主國家無不受他影響，致力於民主改革，從而使其人民可在"自由平等、民主政治"之環境下生活。

我們絕對相信，造成中國歷史上兩大悲劇的人物：秦始皇、毛澤東，並不知道他們所作所為是錯誤的，可怕的是，他們也認為這是一條人類通往幸福之途徑。由此可知，人類的禍福緣於思想家對人性之看法，人性問題若能盡早塵埃落定，那人類史上的無謂悲劇或可避免。可見，理想國度的兩大要素，人性與體制，雖以體制最為關鍵，然體制之建立，乃需以人性為基礎，兩者之間相互為用，具有同等的重要。

因此，想要實現理想的國度，首要解決人性善惡問題，而後才能依人性建立一套適合人生活的體制。根據筆者從科學的立場，對生命的起源、人類的進化，來探討人性形成的研究發現：人性是隨進化長流，逐漸由環境塑造而成。所塑出之人性，是善抑是惡呢？由於各人所處環境不同，所受影響也有所差異，個人與環境交互作用出之人性，當然也不盡相同。有生而即善、有生而即惡、有生而善惡混，全賴人類在進化過程中受環境的塑造為何及置身所處環境的狀況來決定。原則上，人性的善惡，在於表現出其對環境的適應性，適者即善，不適者即惡，然在吾人現實的生活中，適者與不適者或居中者皆有。此即目前人類本性的現況，幾百年或幾千年過後，人性是否會如孫中山先生（1866年—

1925年）所說的朝向〝神性〞發展則不可知，不過吾人現在如何去創造環境，對未來具有決定性影響。由此可知，環境對人性形成的關鍵性。

孫中山：
圖片來源：《維基百科》

　　人性雖由環境塑造而成，仍需藉行為表現，方能識得。而行為能否在環境中充分表現，又會影響人性的發展，於是人性與環境、行為三者，便構成互動的關係。環境塑造了人性，人性表現於行為；行為可改變環境，環境可控制行為；行為可制約人性，人性可影響環境。任何一方的改變，皆會引起另外二方相對應的變化，控制一方即可預測或改變其結果，這便是筆者所建立之三者互動的架構理論。

　　然人類自誕生以後，即為渾渾噩噩的世界帶來一線曙光，他夾其萬能的雙手、智慧的大腦而成為萬物之首，帶領萬物邁向文明，使未來充滿希望。而人類之所以能進化成萬物之靈，乃因生存之需求所造成，然卻因人性中的慾望無窮，以至爭奪不斷，國家更會因利益甚至發動戰爭，尤其是現代戰爭不爆發則已，一旦爆發就有可能造成世界毀滅。由此可見，一部人類的進化史，乃是人類求生存的過程，不管是〝家庭〞的爭吵，或是〝群族〞的爭奪，以至是〝國家〞的爭戰，皆起源於人類生存之需求，以及人性慾望之無窮所致。

　　〝慾望〞本是人類之自然屬性，也就是動物性的求生本能，但為何會造成慾望無窮呢？實乃因生存需求而形成的私慾，在求生過程中，食物獲得不易，甚至長期飢寒，故當食物獲得時，就不只是求溫飽而已，還會希望越多越好，才會感到安心，以至產

生慾望無窮的現象，它並沒有善惡之分。善惡之區別，在於取得生存之需時，符不符合人類之社會屬性，它是人類文明的象徵，也就是社會的道德觀念，符合即為善，如君子愛財取之有道；不符合即為惡，如小人愛財不擇手段。而在滿足生存之需後，還會發生為惡現象，便是自然屬性太過於強烈，不為社會屬性所約束，也就是人性中太過於慾望無窮，最終想要蛇吞象，自然爭奪不斷，從奧地利‧佛洛伊德（德語：Sigmund Freud，1856年－1939年）心理學的觀點說，這便是不健全的人格。

佛洛伊德
圖片來源：《維基百科》

至於思想方面，人類的思想乃由社會教育長期的影響而成立，非與生俱來，它是主觀的，非理性的，並有排他性，進而有強大的意志力，甚至不顧生死企圖完成的使命感。由於每個人的出生背景、教育環境、人生際遇、價值觀等皆有不同，立身處世自有不同，對事物的看法，也常有不同。為何會如此？乃因人們習慣用自己主觀的看法，去衡量事物的對錯，也就是用自己的立場去看待，不符合自己的看法，便是對方的錯，以至產生爭議，小至個人、族群，大至國家、世界皆是如此。所以，只要有人的地方，是非就不斷。

要解決這種現象，唯一的方法，就是透過教育環境，提升個人的民主素養，客觀、理性、識大體、有遠見等，凡事能站在屋頂架構上，理性客觀看待事物，也就是能從對方的立場去對待，

將心比心，縱不能接受也能理解，進而諒解，如此便能形成一個講理的社會，這便是人類文明的象徵。可見，天下人、事、物，只有相對的對錯，並無絕對的對錯，只要透過理性溝通，即可獲得解決。

　　綜上所論，從人類的自然屬性言，人類的先天本性，就是〝性私〞，也就是〝求生本能〞。然要說其善惡，必須加上人類的社會屬性才可以論斷，符合當時的社會道德標準者，即是〝善〞；不符合當時的社會道德標準者，即是〝惡〞。[1]故以人性〝性私論〞為基礎，如何建置一套適合人生活的體制為吾人所應該努力的方向。至於思想方面，便是透過教育環境為手段，提升個人的民主素養，客觀、理性、識大體、有遠見等，凡事能站在屋頂架構上，理性客觀看待事物的爭端，並透過溝通，便可獲得解決。因此，我們可以歸納：思想決定行為，而行為的選擇，由人性來決定。可見，理想國度的實現，必須從〝思想〞及〝體制〞兩方面著手。

---

[1] 見蔡輝振：《人性新論》，(臺中：天空數位圖書，2023 年)，P.332、333。

貳、國家興衰之回顧

期期期期期期
先秦時時時時時
秦晉唐元清國
漢隋宋明民
一、二、三、四、五、六、

本單元本著孟子曰「頌其詩，讀其書，不知其人可乎？是以論其世也。」以及唐太宗（598年—649年）之「夫以銅為鏡，可以正衣冠，以古為鏡，可以見興替，以人為鏡，可以知得失。」等三鏡的精神，來探討〈國家興衰之回顧〉，並以中國統一時期為例，分裂時期不論，年代也以大概為之，其時序分為：先秦時期、漢晉時期、隋唐時期、宋元時期、明清時期及民國時期等概略說明如下：

唐太宗
圖片來源：《維基百科》

一、先秦時期

先秦時期，是中國古代史中的一段時間，是秦朝（前 221 年）以前時代的統稱，即上古時代，三代之夏商周都屬於這一定義下先秦歷史的一部分。然由於中國的起源，始於三皇五帝，此等皆為傳說，並無確切證據足以證明，故在此不論。夏商周，尤其是周朝，以至秦國的建立與滅亡，皆有史書為證，是探討國家興衰最好的明證。而秦朝更是中國歷史上君主集權與部落共主、封建的分水嶺，中央集權自秦朝才開始，故先秦時期也是中國政治史上，由部落共主轉向君主集權過渡的時期。因此，本單元將以周、秦兩朝，概略來做說明：

1.周朝：

周朝（前 1076 年－前 256 年）
[1]，凡 37 王 820 年間，是中國歷史
上繼商朝之後的王朝，也是最後一
個封建制度的世襲王朝。疆域最大
時，東北抵遼東半島，西北達陝西
南部，南直取長江，面積約 219 萬
平方公里。它分為西周（前 1076 年
－前 771 年）凡 12 王 305 年間，與

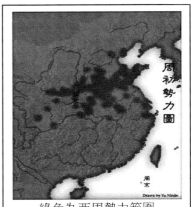

綠色為西周勢力範圍
圖片來源：《維基百科》

東周（前 771 年－前 256 年）凡 25 王 515 年間兩個時期。

西周從周武王姬發（前 1076 年－前 1043 年），滅殷商建國
並定都鎬京（今陝西西安）起，至
周幽王姬宮涅（前 795 年—前 771
年）亡國止，是中華文明全盛時期
之一。該時期的物質及精神文明皆
深刻影響後世。而東周都城為雒邑
（今河南洛陽），其時代又可分為
春秋時期（前 770 年－前 476 年）
與戰國時期（前 476 年－前 221
年），至前 221 年秦王嬴政（前 259
年－前 210 年）統一中國並建秦
朝，東周至此滅亡止。

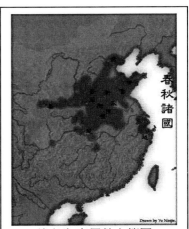

綠色為東周勢力範圍
圖片來源：《維基百科》

---

[1] 周朝自周武王於公元前 1076 年建國，至前 256 年秦昭襄王廢黜周赧王周朝
滅，凡 820 年間；前 256 年至前 221 年秦王嬴政滅六國，統一中國並建立秦
朝止，為戰國時期(前 476 年－前 221 年)的一部分。

周人崛起於周原[2]，在鞏固國力後於周武王伐紂滅商後所建立的西周。三監之亂[3]的危機，於周公（前？年－前？年）東征後平定，並藉由大量分封諸侯來穩定政局，並經歷 11 代 12 王，大概 305 年國祚。西周國力於周成王姬誦（約前 1056 年－前 1025 年）及周康王姬釗（約前 1040 年－前 996 年），兩代的治世達到顛峰，在周共王姬繄扈（前 962 年－前 900 年）、周懿王姬囏（約前 937 年－前 892 年）、周孝王姬辟方（約前 950 年－前 886 年），以及周夷王姬燮（前 10 世紀－前 878

周武王；圖片來源：《維基百科》

年）等時期，國勢開始衰微，到周宣王姬靜（約前 862 年－前 782 年）後期周室混亂，最後於周幽王姬宮涅（約前 796 年－前 771 年）發生犬戎之禍[4]，西周滅亡。

---

[2] 該周原遺址是周朝之發源地，是周武王滅商前的都邑，也是西周王朝政治、經濟、文化中心。

[3] 三監之亂，又稱管蔡之亂，是西周初期分封於商王畿地區（今河南省安陽市附近），周圍的三位統治者叛亂的事件；周武王滅商後，聽取周公旦意見採取〝以殷治殷〞的政策，分封紂王之子武庚於殷，利用他統治殷民，同時周武王也派遣其兄弟管叔、蔡叔、霍叔在殷都附近建立邶、鄘、衛三國，以監視武庚史稱三監；該亂係周武王滅商後不久即病逝，周公旦攝政引起管叔、蔡叔及其羣弟的疑忌，武庚見機拉攏發動叛亂，周公東征誅武庚，殺管叔而放蔡叔，廢霍叔為庶民，平定三監之亂。

[4] 犬戎之禍發生於公元前 771 年，西夷犬戎攻入西周都城鎬京，殺周幽王，鎬京殘破，於是繼位的周平王東遷至雒邑。犬戎之禍為西周與東周的歷史分界事件。

　　周幽王死後，由周平王姬宜臼（前 780 年－前 720 年）繼位，見鎬京都城被戰火破壞，又受到犬戎侵擾，於是決定遷都雒邑（今河南省洛陽市），史稱東周，傳25 王，大概 515 年國祚。東周的前半期，諸侯爭相稱霸，持續二百多年，史稱春秋時代；東周的後半期，周天子地位漸失，亦持續二百多年，史稱戰國時代。周平王東遷後，管轄範圍大減，形同一個小國，在諸侯中的威望已大不如前。面對諸侯之間互相攻伐和兼併，加上邊境的外族又乘機入侵，周天子不能擔負共主的責任，經常向一些強大的諸侯求助，由此強大的諸侯便自居霸主，天子地位更是雪上加霜。到周襄王姬鄭（前？年－前 619 年）十七年（前 635年），發生〝子帶之亂〞[5]，周襄王求救於晉文公，晉文公便與秦穆公共同出兵誅殺王子帶，因此周襄王賜晉文公為伯，以及河內地。而周定王姬瑜（前？年－前 586 年）元年（前 606 年），楚莊王伐〝陸渾之戎〞[6]，至洛陽陳兵於

周平王
圖片來源：《維基百科》

周赧王；圖片來源：《中國故宮文物》

---

[5] 子帶之亂是發生在東周時期的戰爭，周惠王二十五年（前 653 年），惠王之妻惠后所生之子王子帶（襄王異母弟）引犬戎之兵圍攻襄王，襄王不敵投奔至鄭國，魯僖公二十五年（前 635 年），晉文公與秦穆公共同出兵殺死了王子帶，迎周襄王重新登位，平定了子帶之亂。

[6] 陸渾之戎為中國古代部落，為允姓之戎的分支，在春秋時期，原在秦國活動，後其領土遷至河南一帶，居住於陸渾，成為晉國附庸；在晉楚爭霸的過程中，被晉國消滅，其部落成員分散在楚國及河南，之後消失。

周郊，欲觀九鼎[7]。周定王派遣大夫王孫滿應對曰：「**周德雖衰，天命未改，鼎之輕重，未可問也。**」終使楚軍退去。到周赧王姬延（前？年－前 256 年）時，東周國勢更加衰弱，同時因內部爭鬥不休而分為東周國和西周國，周赧王遷都西周國。東西兩周位於諸強國之間，不能同心協力，反而彼此攻伐。至周赧王六十年（前 256 年），西周國為秦所滅，周赧王死。7 年後，東周國亦為秦所滅，至此東周徹底滅亡，戰國七雄，最後也由秦所統一。

在西周時期，周天子保持著天下共主的威權，然在周平王東遷後，周室便開始式微，只保有天下共主的名義，而無實際的控制力。中原各國也因社會經濟條件不同，大國間相互爭霸的局面出現，各國的兼併與爭霸促成各地區的統一，由此東周是社會大動盪的時期。

而春秋戰國（前 770 年－前 221 年），是中國歷史上一段大分裂時期，也是百家爭鳴、人才輩出、學術風氣非常活躍的時代，分為春秋和戰國兩個時期。春秋時期，指前 770 年到前 476 年，凡 294 年間是屬於東周的一個時期。該時期因周王的勢力減弱，諸侯群雄紛爭，齊桓公、晉文公、宋襄公、秦穆公、楚莊王相繼稱霸，史稱春秋五霸。春秋和戰國的分水嶺是韓、趙、魏三家合攻滅掉晉國世族智氏，瓜分晉國為標誌；戰國時期，指公元前 476 年到公元前 221 年，凡 255 年間是中國歷史上東周後期至秦統一中原前，各國混戰不休，故稱戰國時期。

周朝的中央權力為王權，周王是周室的最高權力者，也是諸周族的宗主。由上至下縱切為君臣關係的封建制度，橫切則為血

---

[7] 九鼎，據傳是禹在建立夏朝後，用天下九牧所貢之金鑄成，象徵九州，代表天子的地位：祭祀的時候士用一鼎或三鼎，大夫用五鼎，諸侯用七鼎，而天子才能用九鼎。

源關係的宗法制度，再以禮樂制度與井田制度鞏固並維繫周天子與諸侯國、官員、人民等的關係。當春秋中葉後〝禮樂崩壞〞，典章制度自然逐漸瓦解，隨之而起便是各憑本事之戰國的紛亂，連同思想方面也是諸子百家爭鳴。諸子百家為何能爭鳴，蓋在戰國紛亂的背景下，不管平民百姓、士大夫、貴族世家等，只要能提出強兵富國之道，而被君王所採用者，皆能魚躍龍門身價百倍，進入治國平天下的行列，一掃過去只能是貴族世家所壟斷的局面。如縱橫家蘇秦（前 382 年－前 332 年）提倡〝合縱之說〞，意即合眾弱以攻一強，合南北縱向諸國合作，抵擋西邊秦國的東向發展，而掌六國宰相印。

　　總的來說，周朝之所以鼎盛，在於禮樂治國，而保有 820 年江山；之所以滅亡，在於禮樂崩壞。為何會崩壞？因禮制乃行為道德的規範，而音樂能調和性情、移風易俗，二者皆可用以教化人民，治理國家。《禮記·禮器》上說：「禮也者，反其所自生；樂也者，樂其所自成。是故先王之制禮也以節事，脩樂以道志，故觀其禮樂而治亂可知

烽火戲諸侯
圖片來源：《維基百科》

也。」故古來聖賢都強調禮樂教化勝於嚴刑峻罰。然當主政者周幽王荒淫無道，尤其為博美人一笑，不惜以〝烽火戲諸侯〞[8]時，上樑不正下樑自然歪斜，於是禮樂便會逐漸崩壞。

---

[8] 褒姒冷若冰霜，雖然當上王后，兒子伯服也被立為太子，但她卻很少有笑容，周幽王為取悅褒姒，發出重賞，誰能誘發褒姒一笑，賞以千金，最後採納虢石父之議，舉烽火召集諸侯於驪山前（今陝西臨潼），諸侯匆匆趕至，卻發覺並非寇匪侵犯，只見周幽王和褒姒在臺上飲酒作樂，只好狼狽地退走，褒姒終於開心地大笑，周幽王大喜。

2. 秦朝:

秦朝(前 221 年－前 207
年),凡 3 帝 14 年間,是中國第
一個中央集權的帝國,它源自周朝
諸侯國的秦國。前 905 年,嬴非子
(前?年－前 858 年)因善於養
馬,得到周孝王姬闢方(約前 950
年－前 886 年)的賞識,受封於秦
地,並建立秦國,是為秦國第一位
君王,號稱秦嬴。前 770 年,秦襄
公嬴開(約前 833 年－前 766 年)
在周平王東遷時有功,受封於關中
平原,成為一方諸侯。

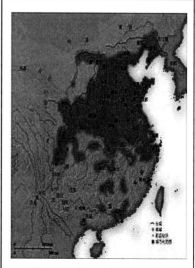
秦朝面積達 340 萬平方公里
圖片來源:《維基百科》

戰國時期,秦國根據禮記總結的「**今
天下車同軌,書同文,行同輪。**」推行車
輛統一道路,書籍統一文字,行為統一倫
理,並在政治、軍事、經濟、交通等方
面,實施商鞅(約前 390 年－前 338 年)
變法[9],成為天下第一強國。前 230 年至
前 221 年,到秦王嬴政(前 259 年－前 210
年),陸續攻滅其他六個主要諸侯國,進
而統一中國,史稱秦朝。

商鞅;圖片來源:《維
基百科》

---

[9] 商鞅變法是法家思想家商鞅在秦孝公支持下,於前 356 年在秦國實施的政治
改革,改革分兩次進行,首次始於前 356 年,第二次始於前 347 年;經過商
鞅變法,秦國富國強兵,奠定秦國在戰國七雄中的雄厚實力,對秦國的崛起
發揮重要的作用,變法建立的制度也是秦始皇管理秦國的基礎。

　　秦王政建立秦朝後自稱〝始皇帝〞，即秦始皇，這是中國皇帝稱號的由來，並發起一系列的改革以鞏固政權。而後南征百越、北伐匈奴，其疆域為東起遼東，西至臨洮，北抵長城，南達象郡（今越南北部），其疆域面積達 340 萬平方公里。秦朝外強內乾，乃由於秦始皇過度擴張、勞役諸國百姓，讓天下百姓飽受苛政之苦而想要叛變。

秦始皇；圖片來源：《維基百科》

　　秦二世胡亥（前 230 年－前 207 年）繼位後，朝廷權力被趙高（前 258 年－前 207 年）所掌控而混亂不堪，造成秦末民變爆發，六國有力人士各自復國，秦將章邯（前？年－前 205 年）雖努力平亂，但秦將王離（前？年－前？年）於鉅鹿之戰，被楚將項羽（前 232 年－前 202 年）擊敗而投降。秦二世死後，新任秦王子嬰（前？年－前 206），便於前 207 年 10 月在咸陽向劉邦（前 256 年－前 195 年）投降，後項羽率軍抵達關中，殺死秦王子嬰，焚燒咸陽宮，秦朝於秦始皇死後 3 年滅亡，結束 15 年國祚。而後至西漢統一全國之期間，史稱西楚時期，項羽稱霸，是

西楚霸王
圖片來源：《維基百科》

為西楚霸王。他重建封國體制，分封十八諸侯。但項羽分封不公，劉邦、田榮等諸侯繼而起兵反抗，演變成楚漢戰爭。前 202 年漢王劉邦滅項羽，受諸侯擁戴為皇帝，創立漢朝。

　　秦朝為鞏固領土廣闊而各地文化卻不同的帝國，在政治、軍事、經濟、交通、思想等各方面，都推行改革。有關政治制度方面：建立有皇帝制度、三公九卿制與郡縣制為基礎的中央集權制，取代過去不同諸侯豪門的爵位制度；法律基本延續秦國法律，並增加皇帝握有生殺大權，丞相則僅是輔佐。有關軍事方面：興建萬里長城以鞏固北方，毀六國長城與城墩等防禦工事，沒收天下百姓武器鑄成十二金人，秦始皇並先後五次東巡，以安定關東各地區。有關經濟方面：秦朝延續商鞅變法的政策，推行重農輕商，鼓勵農民增產糧食，甚至有機會獲爵位，並統一貨幣與度量衡，實行鹽鐵專賣等措施。有關交通方面：興建馳道與靈渠等交通要道，以便軍隊前往各地平亂，也有利各地區運輸物資。在思想方面：秦朝的政治思想乃推行融合〝法、術、勢〞的君主專制，並發揚陰陽家的〝五德始終說〞[10]，以神化皇帝，宗教以傳統崇拜上帝、祖先、山神、河神等眾神，以及巫術、占卜與占星等為主，而神仙方術則受秦始皇所迷信而發達；秦朝思想以法

《帝鑑圖說》中描述秦始皇焚書坑儒的圖畫；圖片來源：《維基百科》

---

[10] 五德終始說，是中國戰國時期的陰陽家鄒衍所主張之觀念，〝五德〞乃指五行中木、火、土、金、水所代表的五種德性；〝終始〞指五德週而復始之循環運轉；該學說後來影響中國的一切信仰和方術甚鉅。

家為尊，排斥其他學說，尤其是儒家思想，進而發生〝焚書坑儒〞[11]事件。

總的來說，秦朝在春秋戰國紛亂的環境下，以法家思想為核心，實施商鞅變法，終成為天下第一強國。後經秦始皇勵精圖治，並加以革新而成為中國第一個中央集權的帝國。秦始皇深知周朝為何會滅亡，主因乃〝分封體制〞所致。因在中央皇權強盛時，地方諸侯便會乖乖臣服而天下太平；當中央皇權衰落時，基於人性之〝私慾無窮〞[12]，地方諸侯便會爭霸而有春秋戰國之亂。因此，他在統一六國後，不顧大臣的反對，廢除分封體制，走向中央集權。

---

[11] 該事件為秦始皇在前 213 年焚毀〝詩、書、百家語和非秦國史書〞，以及在前 212 年坑殺〝犯禁者四百六十餘人〞二事的合稱。其中，焚書起於秦始皇三十四年（前 213 年）置酒咸陽宮，博士官周青臣讚歎秦朝的郡縣制，淳于越則說周青臣阿諛，建議皇帝實行分封制度，以為「事不師古而能長久者，非所聞也。」秦始皇讓丞相李斯（前 284 年－前 208 年）處理此一提案，李斯駁斥淳于越的看法，認為有這種想法的人，就是受到諸子的學術思想荼毒太深，建議秦始皇焚書。李斯建議：「史書只保留秦國史書，其他國家的史書都焚毀；《詩經》、《書經》及諸子百家之書只有博士官所職可以保留，民間的都限期交出燒毀；醫藥、佔卜、農業之書民間可以保留；想學法律的人以官吏為師。」秦始皇下旨同意。史稱焚書。而坑儒，起於前 212 年，也就是在焚書之後的第二年，兩名為秦始皇煉製長生不老藥的術士侯生、盧生煉藥未果，而散佈許多對秦始皇不利、甚至誹謗的言論。秦始皇大怒，下令逮捕嚴辦。涉案者在審理時則向外指控誹謗秦始皇言論的來源，前後指控出四百六十餘人；秦始皇在盛怒中下令，將涉案者四百六十餘名坑殺在咸陽。根據《史記·秦始皇本紀》記載，長子扶蘇（前 242 年－前 210 年）向秦始皇進諫「諸生皆誦法孔子，今上皆重法繩之，臣恐天下不安。」秦始皇怒，讓扶蘇去北方上郡，蒙恬駐軍所在的地方擔任監軍。

[12] 私慾無窮，乃因人類生存需求而形成的私慾，又因求生過程中，食物獲得不易，甚至長期饑寒，故當食物獲得時，就不只是溫飽而已，還會希望越多越好，才會感到安心，以致產生慾望無窮的現象。見蔡輝振：《人性新論》，（臺中，天空圖書，2023 年），P.325。

　　秦朝之所以滅亡，主要兩個原因，一為宦官(寵臣)趙高弄權；二為累積民怨所致。另外還有一個因緣際會的因素，即是秦始皇違反天理，求長生不老藥，而處死因煉藥未果的侯生與盧生，所引起誹謗秦始皇的言論，最終引發〝坑儒〞的遺憾，長子扶蘇因進諫而流放北方。如果秦始皇不求長生不老藥，秦朝也不會滅亡；如果秦始皇不坑儒，秦朝也不會滅亡；如果秦始皇不流放扶蘇，就不會有〝沙丘之變〞[13]，秦朝也不會滅亡。因扶蘇是長子，素有賢名，對於治國、安定天下頗有遠見，也是理所當然皇位的繼承人。

---

[13] 沙丘之變，乃秦始皇在沙丘宮（今河北省廣宗縣）去世後，趙高與李斯殺害公子扶蘇，擁立胡亥即位的事件；秦始皇巡遊時在途中突然去世，遺詔令其長子扶蘇主持葬禮，意即使之返都即位，遺詔還沒交給使者發出時秦始皇已經駕崩，只有公子胡亥、李斯和趙高以及五六個親信宦官知道秦始皇去世的消息；此時扶蘇正在上郡監督蒙恬的軍隊，管理詔書的趙高卻發動陰謀，向胡亥表示：「商湯、周武王都攻打了自己君主，衛出公出兵欲殺他的父親，而衛國人稱頌他的功德，立大功者不必拘泥小節。」要胡亥奪取帝位；胡亥最初以始皇傳位扶蘇意圖明顯、越兄而立不祥為由拒絕，但最終還是答應，趙高又威脅丞相李斯，說扶蘇會以蒙恬任宰相，如果想要長保權勢，就應該加入陰謀，如此則可以享有仙人王子喬、赤松子的長壽，孔子、墨子的智慧，李斯於是同意了；李斯和趙高隱瞞秦始皇死訊，以鹹魚放到秦始皇車上，遮擋屍體發出的臭味，回到咸陽後即擁立公子胡亥為皇帝，是為秦二世，而扶蘇與蒙恬皆被趙高假稱秦始皇命令而殺害，扶蘇被賜死而自刎，蒙恬被斬殺。

二、漢晉時期

漢代分為：西漢、東漢，以及三國；晉代分為：西晉、東晉、五胡十六國，以及南北朝。本文基於分裂時期不論，故以下僅以漢晉做說明：

1.漢朝：

漢高祖
圖片來源：《維基百科》

漢朝（前 202 年－220 年），凡 26 帝 422 年間，是秦朝後出現的朝代，在中國歷史上極具代表性，有承先啟後的重要地位。漢朝分為兩個時期，西漢（前 202 年－8 年）與東漢（25 年－220 年），中間為王莽篡漢建立新朝（9 年－23 年）與更始帝時期（23 年－25 年）。西漢第一位皇帝是漢高祖劉邦（前 256 年－前 195 年），建都長安；東漢第一位皇帝是漢光武帝劉秀（前 5 年－57 年），定都洛陽。

漢光武帝
圖片來源：《維基百科》

漢朝是中國歷史上一個地跨黃河流域和長江流域的帝國，與後來的唐朝並稱〝強漢盛唐〞。漢朝在漢高祖〝亥下之戰〞[14]，消滅西楚霸王項羽

---

[14] 垓下之戰在前 202 年發生，是楚漢戰爭最後一場大戰，項羽麾下的楚軍約 10 萬人，在垓下（今安徽省境內）戰敗，全軍覆沒。

後所建立的帝國。後又經漢武帝劉徹（前 156 年－前 87 年）在位
期間的開疆拓土，陸續攻滅南越、閩越、衛滿朝鮮，在河西四郡
和西南夷聚居地建立漢朝直屬郡縣。其疆域最鼎盛時期，北至五

原郡、朔方郡（今內蒙古
包頭及巴彥淖爾一帶）、
居延海乃至外蒙古，南至
日南郡（今越南廣平
省），東至臨屯郡（今朝
鮮江原道一帶），西至蔥
嶺（今帕米爾高原），面
積廣達 600 萬平方公里。

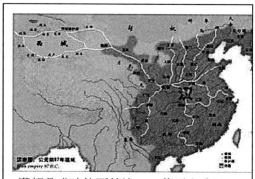

漢朝鼎盛時的面積達 600 萬平方公里；
圖片來源：《維基百科》

平民劉邦建立漢朝
後，廢秦苛法，實施道家的無為而
治，休養生息，減輕賦稅和徭役，釋
放部分奴婢，抑制富商，限制土地兼
併並且獎勵開荒，使漢初經濟得到恢
復。漢文帝劉恆（前 180 年－前 157
年）、漢景帝劉啟（前 188 年－前
141 年），繼續重視農業，鹽鐵等手
工業及商業也有發展，故稱為文景之
治。雖在漢景帝時期曾因地方諸侯王
勢力膨脹，出現〝七國之亂〞[15]，然

漢武帝
圖片來源：《維基百科》

---

[15] 七國之亂又稱七王之亂，發生於西漢初期的漢景帝三年(公元前 154 年)。當
時以吳王劉濞為中心的七個劉姓宗室諸侯，由於不滿朝廷實行削藩政策，剝
奪地方諸侯王權力，所以興兵反抗，最終為太尉周亞夫、大將軍竇嬰所平
定；七王為：吳王劉濞、楚王劉戊、膠西王劉卬、膠東王劉雄渠、淄川王劉
賢、濟南王劉辟光、趙王劉遂。

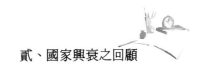

3 個月就平亂，其後諸侯王勢力也被削弱。

漢武帝時期是漢朝最鼎盛的時期，國家統一貨幣，鑄五銖錢，嚴禁私鑄錢，鑄鐵業實行國家專營，推行〝均輸法〞[16]、〝平準法〞[17]，朝廷財政收入大增。在這基礎上，漢武帝採取積極的對外政策，北方匈奴長期以來是漢朝主要邊患，漢武帝發動三次戰役打擊匈奴，使匈奴遠徙漠北，確保河西走廊的安全。又在西北邊地屯田，修長城，築烽燧以讓敵人來犯燃火示警(夜間舉火為烽，白天燔煙為燧)。並派張騫（前 175 年－前 114 年）出使西域，打通漢朝通往中亞的貿易通道。

絲綢之路從歐洲經過埃及、索馬利亞、阿拉伯半島、伊朗、阿富汗、中亞、巴基斯坦、印度、斯里蘭卡、緬甸、爪哇群島、菲律賓直到中國。顏色：紅色為陸上絲綢之路；藍色為海上絲綢之路。
圖片來源：《維基百科》

絲綢之路的開闢，促進歐亞大陸文化貿易的交流，並採用儒生董仲舒建議，罷黜百家獨尊儒術，教授五經，使經學成為食祿的工具。當時又建立藏書

董仲舒；圖片來源：
《維基百科》

---

[16] 均輸法即是各郡設均輸官，將進貢物品運往缺乏該類貨物的地區出售，然後在適當地區購入京師需求的物資，該法既能解決運費高昂的問題，又可調節物價。

[17] 平準法即是在價低時先買入貨品、食糧、日用品等，會在高價時賣出去，有平定物價的功能，並由平準官負責。

庫，整理圖籍，使文化得到發展，史學家司馬遷（前 145 年－前？年）寫下中國第一部紀傳體通史《史記》。

到漢昭帝劉弗陵（前 94 年－前 74 年）、漢宣帝劉詢（前 91 年－前 48 年）、漢元帝劉奭（前 75 年－前 33 年）時，漢朝政權穩固，以至到漢成帝劉驁（前 51 年－前 7 年）時，立他的舅舅王鳳(前？年－前 22 年)為大司馬車騎將軍，後來王鳳與王莽（前 45 年－23 年）逐漸控制了政權。漢哀帝劉欣（前 26 年－前 1 年）時，王莽企圖用〝再受命〞的辦法來解決他的政權危機，結果失勢。漢平帝劉衎（前 9 年－6 年）時，王莽復起，通過一系列手段篡位奪權。當漢平帝病死，皇太子劉嬰（5 年－25 年）立，王莽見有機可乘，便於初始元年（9 年）廢劉嬰，自立為皇帝，改國號為〝新〞，是為新朝，漢朝亡。這段時期稱為西漢，凡 11 代皇帝(傀儡皇帝不算)、12 代君主，210 年間。西漢是中華文化的高峰，通過絲綢之路和各國往來頻繁，成為當時世界上最強盛的國家之

司馬遷；圖片來源：《維基百科》

王莽
圖片來源：《維基百科》

一。它進一步奠定漢民族，與周邊的民族文化，其所尊崇的儒家文化成為當時和日後的中原王朝，以及東亞地區的社會主流文化。

東漢是漢朝的後期，與西漢合稱兩漢。新朝末年中原戰亂不斷，漢室後人劉秀（前 5 年－57 年）通過武力統一天下，光復漢

朝，結束西漢末年以來的政治動盪，並進行多項政治改革，讓漢朝再次進入平穩發展的局面，史稱東漢。漢光武帝劉秀死後，漢明帝劉莊（28 年－75 年）、漢章帝劉炟（56 年～88 年）兩位皆是賢明的君主，他們在位期間東漢繼續處於經濟發展，社會穩定的局面，史稱明章之治。至漢和帝劉肇（79 年－106 年）繼位後，東漢實力走向極盛階段。漢和帝在軍事和外交政治上都有很高的成就，史稱永元之隆，但漢和帝之後東漢便開始由盛轉衰。

由於東漢中後期的君主們皆短命，天子早崩，皇太子年幼就登基，導致漢末百年間，外戚及宦官輪流掌權的惡性循環，兩派互相殘殺，把東漢朝廷弄得十分腐敗。東漢中平六年（189 年），外戚大將軍何進（？年－189 年）遭宦官十常侍[18]所殺，而招致袁紹（？年－202 年）、袁術（155 年－199 年）等人率軍誅滅十常侍，後并州牧董卓（？年－192 年）引兵進京，廢漢少帝劉辯（176 年－190 年），殺何太后，立漢獻帝劉協（181 年－234 年），消滅長期左右東漢皇室的外戚、宦官，卻引起各地州郡首長藉此反對董卓，最後演化成群雄割據的局面，朝廷無法掌控全國，漢獻帝也成為

漢獻帝；圖片來源：《維基百科》

曹操；圖片來源：《維基百科》

---

[18] 十常侍泛指東漢靈帝時期，操弄政權的張讓、趙忠、夏惲、郭勝、孫璋、畢嵐、栗嵩、段珪、高望、張恭、韓悝、宋典等十二位宦官，他們因任職中常侍被後代史書稱十常侍。

傀儡，其後被曹操（155 年－220 年）〝挾天子以令諸侯〞所控制，最後在建安二十五年（220 年）正月曹操去世，三月獻帝改元延康，十月獻帝在繁陽的受禪臺之上將帝位〝禪讓〞給曹丕，東漢結束被曹魏所取代。

華佗像；圖片來源：《維基百科》

1955 年中國人民郵政發行張衡像郵票；圖片來源：《維基百科》

東漢在文化、軍事等方面有顯著的成就，蔡倫（62 年－121 年）發明了造紙技術、張衡（78 年－139 年），集天文學家、地理學家、數學家、科學家、發明家，以及文學家於一身[19]，張仲景（150 年－219 年）、華佗（145 年－208 年）醫學家等卓越人才；名將班超（32 年－102 年）出使西域，長駐三十多年，先後擊敗被匈奴所控制的西域諸國，不但令西域諸國一一歸順漢朝，並開拓東西文化的交流，足跡已達今日波斯灣諸國。也在 91 年滅北匈

喀什市的班超像
圖片來源：《維基百科》

---

[19] 張衡曾製作以水力推動的渾天儀、發明能夠探測震源方向的地動儀和指南車、發現日食及月食的原因、繪製記錄 2,500 顆星體的星圖、計算圓周率準確至小數點後一個位、解釋和確立渾天說的宇宙論，並創作《二京賦》及《歸田賦》等辭賦名篇，拓展了漢賦的文體與題材，被列為〝漢賦四大家〞之一，對中華文化有巨大的貢獻。

奴，南匈奴內附漢朝；216 年，南匈奴最後一位呼廚泉單于（生卒年不詳）去鄴城拜見曹操，曹操將之分南匈奴分為五部，匈奴國不復存在，困擾漢朝數百年的北方外患終告結束。

兩漢對外，除以武力征服外患外，並用和親政策，將皇室的公主嫁給藩屬國或被視為夷狄的君主，以示兩國友好，增進彼此關係，具有政治目的聯姻，如王昭君（前 51 年─前 15 年）便是。

總的來說，漢朝之所以興盛，主要在於以儒家思想為核心，主政者賢明，勵精圖治，並加以革新。對內廢秦苛法，實施道家的無為而治及儒家的仁愛治國，休養生息，減輕賦稅和徭役、抑制富商、限制土地兼併，並獎勵開荒等經濟措施，讓人民生活富足安逸；對

王昭君畫像
圖片來源：取自清陸昶輯《歷朝名媛詩詞》十二卷，乾隆三十八年紅樹樓刻本。

外以武力征服外患，並因此疆域得以擴張(非主動侵略他國)，以及和親政策並用。之所以衰敗，主要在於外戚與宦官干政，主政者年幼，政權即容易旁落他人之手，進而覆滅。

2. 晉朝：

晉朝（266 年－420 年），凡 15 帝 154 年間，是中國歷史上繼漢朝之後的王朝，其疆域北至山西、河北及遼東，東至大海邊，南至交州，西至甘肅、雲南，國土面積約為 543 萬平方公里。分為西晉（266 年－316 年）凡 4 帝，51 年間，與東

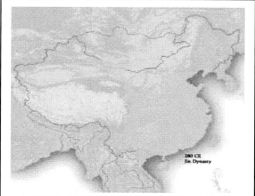

晉朝鼎盛時的面積達 543 萬平方公里
圖片來源：《維基百科》

晉（317 年－420 年）凡 11 帝，103 年間。西晉為晉武帝司馬炎（236 年－290 年）所建，定都洛陽；東晉為晉元帝司馬睿（276 年－323 年）所建，定都建康（今南京市）。兩晉的政治體制為世族政治，政治制度由漢代的三公、九卿制向隋唐的三省六部制過渡。

晉室先祖在三國時期為曹魏世族，司馬懿（179 年－251 年）在高平陵之變[20]後剷除曹氏皇親，自此司馬氏掌握

晉武帝
圖片來源：《維基百科》

---

[20] 高平陵之變，發生在三國時期的魏國，是魏國建立以後的一次重大政變：該事件源自曹魏宗室大將軍曹爽，和朝中重臣太傅司馬懿之間的權力鬥爭，最後司馬懿趁著曹爽與魏帝曹芳到高平陵謁陵時發動政變，控制京城，並滅掉曹爽而結束，自此司馬氏全面掌權，此後曹氏皇帝皆淪為司馬家的傀儡，為日後司馬氏篡奪曹魏政權，建立晉朝立下基礎。

曹魏實權。到 265 年，晉王司馬炎脅迫魏元帝曹奐（246 年－302年）禪讓帝位，改國號〝晉〞，是為晉武帝，史稱西晉。280年，西晉滅孫吳而統一天下，但和平穩定的局面只維持十幾年。至晉惠帝司馬衷（259 年－307 年）繼位後，朝廷漸亂，領有軍權的諸候王紛紛動亂，史稱八王之亂[21]。晉朝元氣大傷後塞外與內遷中原的外族乘機舉兵，造成五胡亂華[22]的局面，大量百姓與世族開始南渡。316 年西晉滅亡，北方從此進入五胡十六國時期。

317 年，晉室皇族司馬睿於建康稱帝，是為晉元帝，史稱東晉，據有華南地區的領土。中原的世族及百姓陸續南遷，形成華北地區的僑民和南方土著共同聚居的局面。東晉初期，王導（276 年－339年）等人採取鎮之以靜策略，穩定局勢。東晉皇權衰落，朝廷大權主要由世族掌握，由於軍權外重內輕，朝廷控制力弱，不少藩鎮心懷野心，先後發生了王敦（266 年－324 年）之亂[23]、蘇峻（294 年

晉元帝：圖片來源：
《維基百科》

---

[21] 八王之亂是發生於西晉末年元康元年（291 年）至光熙元年（306 年）間的政治內鬥，是一場由西晉皇族為爭奪中央政權而引發的內鬥，為中國歷史上一場極為嚴重的皇族內亂，共持續 16 年；八王為：汝南王司馬亮、楚王司馬瑋、趙王司馬倫、齊王司馬冏、長沙王司馬乂、成都王司馬穎、河間王司馬顒、東海王司馬越。

[22] 五胡亂華，是指中國西晉時期境內各個內遷民族趁晉政權在八王之亂期間衰弱之際，割據漢地北部建立多個政權，與退守漢地南部的晉政權形成對峙之勢，該五胡指匈奴、鮮卑、羯、羌、氐五個胡人的游牧部落聯盟。

[23] 王敦之亂是東晉初年發生的一場動亂，爆發於晉元帝永昌元年（322 年），結束於晉明帝太寧二年（324 年）；動亂由出身琅琊王氏的權臣王敦所發動，以誅劉隗為名進攻建康，並擊敗朝廷軍隊，後自任丞相，誅殺周顗等人，並在武昌遙控朝廷；晉元帝死後，晉明帝繼位，王敦意圖奪位，但晉明帝已準備反擊王敦，同時王敦亦患病，面對晉明帝的討伐，只得由兄長王含與部下將領錢鳳等領軍與朝廷軍隊作戰，但最終失敗，王敦亦在戰事期間病逝。

前一328 年）之亂[24]等情事。雖然部分世族當權者有恢復之心，前後發動幾次北伐，但是朝廷擔心野心家藉此擴張勢力，大多消極支持。383 年，前秦（350 年—394 年）是十六國之一，出動舉國之師，意圖消滅東晉。面對亡國之禍，東晉君臣一心，憑藉淝水之戰奠定勝局。謝玄（343 年－388 年）等將領乘勝追擊，成功地收復大批失土，致使前秦崩解，引發北方軍事和政治格局的變化。然而，東晉後期又發生朋黨相爭[25]及桓玄（369 年－404 年）作亂[26]。平民負擔沉重，又發生孫盧之亂[27]。譙縱（？年－413 年）亦據蜀地自立。

最後劉裕（363 年－422 年）崛起，平定諸亂，憑藉軍事力量奪得帝位，建國號〝宋〞，是為宋武帝，史稱劉宋，中國從此進入南北朝時期。

---

[24] 蘇峻之亂，是東晉年間發生的一場動亂，爆發於咸和二年（327 年），由歷陽內史蘇峻發起，聯結鎮西將軍祖約以討伐庾亮為名起兵進攻建康；於次年攻破建康執掌朝政，庾亮則與江州刺史溫嶠推舉征西大將軍陶侃為盟主，建立討伐軍反抗蘇峻，同時三吳地區亦有義兵起兵，亂事於咸和四年（329 年）隨蘇峻於前一年戰死和餘眾陸續被消滅而結束。

[25] 朋黨相爭，泛指士大夫結成利益集團，這些利益集團之間的鬥爭稱為黨爭，在現今政治中，黨爭可解讀為黨派之間的鬥爭，常見於議會政治；朋黨在中國歷史形成年代久遠，但以東漢、中唐、北宋、晚明為劇，最終形成黨爭，為害數十年之久，乃至於亡國。

[26] 桓玄作亂，是指東晉末期桓楚政權建立者，他曾消滅殷仲堪和楊佺期佔據荊江廣大土地，後更消滅了掌握朝政的司馬道子父子，掌握朝權；次年桓玄就篡位建立桓楚，但三個月後劉裕就舉義兵反抗桓玄，桓玄不敵而逃奔江陵重整軍力，但後再遭西討的義軍擊敗，試圖入蜀途中遇上護送毛璠靈柩的費恬等人，遭益州督護馮遷殺害。

[27] 孫恩、盧循之亂，簡稱孫盧之亂，是東晉末年發生的一次民變，爆發於晉安帝隆安三年（399 年），結束於晉安帝義熙七年（411 年），歷時約十一年；這次民變有五斗米道的背景，但實際起因是人民不滿東晉朝廷的統治，讓領導者可乘時而起。

　　晉朝在經濟方面，由於農業技術提升等因素，在世族密集開發下，江南得以全面發展而繁榮興盛，手工業和商業方面也有長足進步，中國的經濟重心也逐漸南移，以至後來隋朝才有大運河的出現。

宋武帝畫像；圖片來源：
《維基百科》

　　晉朝在文化方面，雖為漢末以來最衰落時期，但在哲學、文學、藝術、史學、科技等方面也有新的發展。漢代以前，政治主權完全在中原漢族；漢代以後，政治主權不全在中原漢族，因邊疆民族也帶來一些文化融合於中原文化。當時天下大亂，世族文人多不以道義為重，儒學中衰，豁達之士，目擊衰亂，不甘隱避，則托為放縱逸樂、豪放不羈，遂開〝清談之風〞[28]。因此，玄學與印度東傳之佛教交匯，中國文化逐漸轉變為儒釋道融合之狀況。

　　總的來說，晉朝是中國歷史上最動盪的時代，毫無可借鏡取法之處，之所以建國，來自於權謀。然之所以衰敗，主要在於政權旁落，讓有軍權的諸侯王紛紛作亂，爭權奪利，加上塞外與內遷中原的外族乘機舉兵叛變，尤其是人民因戰亂，而使人口大量死亡而劇減，甚至發生「人相食，飢死者十五六。」的慘事。再加上政府因戰亂而賦稅繁重，使得百姓民不聊生。

---

[28] 清談，流行於魏晉時期，漢末黃巾之亂，中央政權瓦解，地方勢力抬頭，儒家經典隨之衰落，亂世之中，老莊思想逐漸抬頭，一般文人不談俗事，不談民生，祖述老莊立論，大振玄風，最常談的是《周易》、《老子》、《莊子》稱為三玄。何晏、王弼、夏侯玄、王衍、郭象等人皆有辯才，何晏好老莊言，認為：「天地萬物，皆以無為為本。」和夏侯玄、王弼等倡導玄學，成為一時風氣，往往廢寢忘食，甚至可以把人累病談死。

三、隋唐時期

隋朝國祚僅次於秦朝，也是個短命的朝代。而唐朝時期分為：唐代及五代十國。本文基於分裂時期不論，故以下僅以隋唐做說明：

1.隋朝：

隋朝（581 年－619 年），凡 3 帝 38 年間，是中國歷史中，上承魏晉南北朝、下啟唐朝的一個重要朝代，與唐朝合稱隋唐。581 年隋文帝楊堅（541 年－604 年）受禪建立隋朝，至 619 年王世充（？年－621 年）廢隋恭帝楊侗（604 年－619 年）為止，國祚僅 38 年。其疆域北抵大漠、南據交趾、東起遼河，大業元年（605 年）隋朝吞併林邑後，國土面積達 427 萬平方公里，雖然不久林邑就復國，但隋煬帝楊廣（569 年－618 年）又四處征戰吞併了吐谷渾、伊吾等國，隋朝疆域達到頂峰時為 467 萬平方公里。

隋文帝
圖片來源：《維基百科》

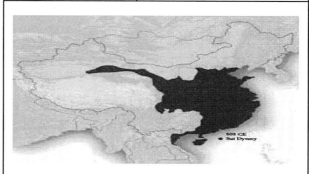

隋朝疆域達到頂峰時為 467 萬平方公里
圖片來源：《維基百科》

　　楊堅屬於北周的關隴世族[29]，於晉末北周宣帝宇文贇（559 年－580 年）繼位後逐漸掌握政權。至幼年的北周靜帝宇文闡（573 年－581 年）即位後，身為皇太后之父的楊堅控制朝政，先後平定蜀國公尉遲迥（516 年－580 年）、滎陽郡公司馬消難（？年~589 年）等反楊叛軍。581 年北周靜帝禪讓給楊堅，北周亡，楊堅定國號為隋。隋文帝於 587 年廢除後梁，於 589 年隋滅陳之戰攻滅陳朝，俘虜陳後主。隔年 9 月控制嶺南地區的冼夫人歸附隋朝。至此天下一統，隋朝結束中國自魏晉南北朝以來的分裂局面，重新建立大一統的國家。

隋煬帝
圖片來源：《維基百科》

　　隋文帝總結歷朝興亡的原因，維護與農民的關係，調和統治階級內部的聯繫。這些措施使社會矛盾趨於緩和，經濟、文化得以迅速成長並呈現繁華景象，開創出〝開皇之治〞。然而，隋文帝晚年剛愎自用，提倡嚴苛重刑，因猜忌而大殺功臣，遂國力開始衰退。接著隋文帝的次子楊廣爭奪長子楊勇（568 年前－604 年）的太子位獲勝。604 年隋文帝去世，楊廣繼位，即隋煬帝。他為鞏固隋朝發展，興建許多大型建設，又東征西討，隋朝發展到極盛。

---

[29] 關隴世族是指北朝的西魏、北周至隋、唐期間，籍貫為關中（今陝西省）、隴西郡（今甘肅省東南）的門閥士族，漢胡混血、文武合流是其特色，他們佔據當時的統治階層；陳寅恪《金明館叢稿二編》曾如此形容關隴世族：「取塞外野蠻精悍之血，注入中原文化頹廢之軀，舊染既除，新機重啟，擴大恢張，遂能別創空前之世局。」

　　隋煬帝好大喜功，忽視民眾感受，嚴重耗損隋朝國力，其中
又以三次東征高句麗為最甚，最後引發隋末民變。616 年隋煬帝
離開東都，前往江都（今江蘇揚州）。617 年，軍閥李淵（566 年
－635 年）殺入都城長安，立留守長安隋煬帝的嫡孫代王楊侑
（605 年－619 年）為帝，遙尊隋煬帝為太上皇，隋煬帝對此並不
知情，仍以皇帝自居。618 年宇文化及（569 年－619 年）等人發
動兵變，殺死隋煬帝，立隋煬帝侄子秦王楊浩（？－618 年）為
帝；同年隋恭帝楊侑禪讓李淵，李淵正式稱帝，是為唐高祖，建
立唐朝。守洛陽大將王世充（？年－621 年）立留守洛陽的隋煬
帝庶孫越王楊侗（604 年－619 年）為帝；宇文化及殺害楊浩，自
建許國。隔年，王世充迫使楊侗禪位，建立鄭國，隋朝亡，隋末
群雄割據的局面，最終也為唐朝所終結。

　　隋朝在政治制度方面，確立影響後世深遠的三省六部制，及
鞏固中央集權制度，並制定完整的科舉制度，以選拔優秀人才，
弱化世族壟斷仕官的能力，造就平民百姓，只要有才華者，皆能
為國家所用。另外還建立政事堂議事制度、監察制度、考績制
度，這些都強化了政府機制，深刻影響唐朝與後世的政治制度；
在軍事方面，繼續推行和改革府兵制；在經濟方面，一方面實行
均田制和租庸調制，以減輕農民生產壓力，另一方面採取大索貌
閱[30]和輸籍法[31]等清查戶口措施，以增加財政收入。開皇五年

---

[30] 隋朝的一種戶籍制度，防範層出不窮的不實人口，也是為加強輸籍法和析籍
令的配套措施，以便隋朝政府確實掌握人口；隋代初年社會並不安定，隋朝
雖結束魏晉南北朝三百多年的分裂局面，使全國統一，但連年的征戰，使人
口大多死於戰爭之中，人口大量銳減，在民不聊生的情形下，許多人流離失
所成流民，有人為避亂世而遁入空門成為僧侶，亦有人依附豪門之下，謀求
生存，但這一些為生存隱蔽於他人戶口之下的百姓，嚴重影響國家的財政收
入，也影響政權，所以隋朝政府除了藉由均田制裡面授還田等法規，介入農
民生產活動，使農民願脫離豪族，成國家編戶外，也用輕稅政策留住農民，
同時也在基層的戶籍檢查上，下了很大功夫。

（585 年）因為大索貌閱與輸籍法的實行，為隋朝新增 164 萬口，大大增加朝廷的稅收及勞動力，朝廷亦透過此法使隱匿戶口的佃農脫離地方豪強的掌控與剝削，進而打擊地方豪強的勢力，加強中央集權，這些政策成就了隋初的開皇之治。

　　為鞏固隋朝發展，隋文帝與隋煬帝還興建隋唐大運河、隋長城、馳道，以及大興城與東都洛陽。這些都提升了位於關中的朝廷對北方、關東與江南等地區的掌控力，使隋朝各地的經濟、文化與人民能順利交流，還誕生出經濟重鎮江都（今揚州）。在外交方面，隋朝的盛世也使得當時周邊國家和境內的少數民族如高昌(今新疆吐魯番)、倭國(今日本)、高句麗(今韓國)、新羅(今朝鮮)、百濟(今韓國)與內屬的東突厥等國都受隋朝文化與典章制度的影響，外交交流以日本的遣隋使最為著名。隋朝結束自魏晉南北朝以來的分裂局面，奠定日後大唐盛世的基礎，對中國歷史的意義重大。隋朝對於外族文化的接受度高，並與漢文化融合，與唐朝合為在中國歷史上比較開放的朝代。

---

[31] 輸籍法，是隋朝戶籍制度，為戶口等第與納稅標準的辦法。輸籍法是隋朝初年隋文帝整頓政治、經濟的重要措施，以解決人民隱匿戶口逃稅問題，並抑制地方豪強；自南北朝以來，農民為了逃避繁重的賦稅繇役而假造年齡，或直接隱匿不報，使國家直接掌握的勞動力減少，而地方豪強隱蔽這些無地的隱匿農民，嚴重影響到國家中央集權的統治基礎，並使隋朝的均田制難以實施；隋文帝於開皇五年（585 年）下令州縣大索貌閱：「戶口不實者，正長遠配，而又開相糾之科。大功已下，兼令析籍，各為戶頭，以防容隱。於是計帳進四十四萬三千丁，新附一百六十四萬一千五百口。」然而只要賦稅繇役仍然繁重，就無法從根本上改變地方豪強與中央爭奪勞動人口的狀況，故左僕射高熲鑑於「人間課輸，雖有定分，年常征納，除注恆多，長吏肆情，文帳出沒，復無定籍，難以推校。」上書建議中央制訂劃分戶等的標準，隋文帝採用其建議頒布輸籍法，作為大索貌閱的配套措施。

　　總的來說，隋朝之所以興盛，主要在於主政者賢明，勵精圖治，並加以各方面的革新，尤其是對內的經濟發展，讓人民生活富足安逸；對外主要以武力征服外患，使疆域得以擴張。之所以衰敗，主要在於主政者剛愎自用，嚴苛重刑，皇家及軍閥爭權奪利，並好大喜功，忽視民眾感受，嚴重耗損國力，最後引發民變所致。

2.唐朝：

　　唐朝（618年－907年），凡22帝289年間，是歷史上代表中國的一個重要朝代。唐朝由唐高祖李淵（566年－635年）所建立，是以漢族為主的多民族統一之強大帝國，與隋朝合稱隋唐。唐朝皇室出身關隴世族，其先祖李虎（？年－551年）在南北朝的西魏是八柱國之一，封為唐國公。

唐高祖
圖片來源：《維基百科》

　　隋朝時李淵為晉陽（今山西太原）留守，在隋末民變爆發後出兵入關中以爭奪天下，於618年受隋恭帝楊侑禪位而建立唐朝，取得天下一統，並定都長安（今陝西西安）。其疆域在全盛時期，東起朝鮮半島，南至越南順化，西達中亞咸海以及呼羅珊地區，北包貝加爾湖至葉尼塞河下流一帶，面積達到1,237萬平方公里。

唐太宗
圖片來源：《維基百科》

唐朝歷史可概略分成：〝初唐〞國力強盛，唐太宗李世民（598 年－649 年）擊敗強敵突厥，受尊〝天可汗〞，即天下至尊之意，成就貞觀之治。唐高宗李治（628 年－683 年）擊敗高句麗等強敵，建立永徽之治。接著進入女性統治時期，唐高宗之皇后武曌（624 年－705 年），即武則天於 690 年建國周，是為武周，凡 15 年間，唐朝第一次滅亡。直到 705 年因神龍政變[32]使唐中宗李顯（656 年－710 年）復興，並到唐玄宗李隆基

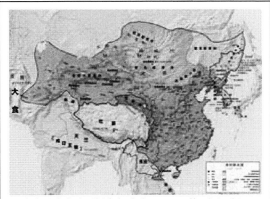

唐朝疆域達到頂峰時為 1,237 萬平方公里
圖片來源：《維基百科》

武則天：圖片來源：
《維基百科》

唐玄宗：圖片來源：《維基百科》

（685 年－762 年）繼位後女性統治才結束，並進入〝盛唐〞，是唐朝的第二高峰與轉折。

開元時期唐玄宗革除前朝弊端，政治開明，威服四周國家，史稱開元盛世。到天寶年間，政治逐漸混亂，並於 755 年爆發

---

[32] 神龍政變，是神龍元年太子李顯、相王李旦、太平公主、宰相張柬之、崔玄暐等大臣發動兵變，逼迫武周皇帝武則天內禪皇位給李顯，使武周滅亡及唐朝復興的事件。

〝安史之亂〞[33]，並於 763 年平亂。隨後便進入〝中唐〞，唐朝受到藩鎮割據、吐蕃回紇的侵擾、宦官專權與牛李黨爭[34]等蜂擁而至，使得唐朝一直未能完全復盛。雖有唐憲宗李純（778 年－820 年）等的中興，但這些都未能根治唐朝的內憂外患。到〝晚唐〞時期因為政治腐敗，爆發了唐末民變。其中，黃巢（835 年－884 年）之亂[35]，更是嚴重破壞江南經濟，動搖了王朝的統治基礎，致使李唐政權日暮途窮，大廈將傾。最終，藩鎮霸主朱溫（852年－912 年）脅迫唐昭宗李曄（867 年－904 年）遷都洛陽，並於 907 年逼唐哀帝李柷（892 年－908 年）禪位，唐朝滅亡。朱溫建國稱帝並為梁太祖，史稱後梁，中國就此進入五代十國的時期。

梁太祖
圖片來源：《維基百科》

唐朝全盛時期，在政治、經濟、文化、外交等方面都達到很高的成就。其政治方面：為三省六部制，前期中央權力在皇帝與宰相，到後期變成皇帝與宦官；唐朝統治末年，軍閥們擁兵自

---

[33] 安史之亂是中國於 755 年至 763 年，由河東節度使安祿山，與平盧節度使史思明，所發動跟唐朝皇室爭奪統治權的內戰及藩鎮動亂，是唐朝由盛而衰的轉捩點，並造成唐代中期以後，不斷加劇的藩鎮割據現象。

[34] 牛李黨爭（808 年－846 年），是唐末時，兩派士大夫結黨互相爭鬥排擠的事件；唐朝末年宦官爭權，朝廷的士大夫中反對宦官的大都遭到排擠打擊，依附宦官的又分為兩派--以牛僧孺為首的牛黨，和以李德裕為首的李黨，這兩派官員互相傾軋，爭吵不休，從唐憲宗時期開始，到唐宣宗時期才結束，將近四十年，歷史上把這次的黨爭命名為〝牛李黨爭〞。

[35] 黃巢之亂是唐僖宗時，由私鹽商人黃巢為首的民變，是唐末民變中，歷時最久，遍及最大，影響最深遠的一次；禍延唐朝關中地區，時間長達十年，造成的死亡人數難以估計，導致唐末國力大衰，加速唐朝滅亡；也因為長安殘破及被朱溫所毀，導致之後的政治中心東移至開封。

重，不聽朝廷詔令，並時常騷擾朝廷，讓朝廷飽受內憂外患之苦；唐朝模仿隋朝推行科舉制度，使得晉朝南朝的世族制度不再興起；唐朝軍事制度前期採用府兵制，軍力強盛，多次擊敗外族；後期則出現節度使（藩鎮）等特殊單位，還曾出現過 48 個藩鎮。

其經濟方面：前期結合華北、關中與江南的經濟，使經濟富裕，人民生活安逸；到後期更加依重江南賦稅，土地、鹽鐵與賦稅制度也隨著社會變遷而改革，由均田制與租庸調制轉向兩稅制，並增加許多雜稅；其中兩稅制影響中國後半期的賦稅制度。其文化方面：唐朝文化兼容並蓄，曾經受到胡風的影響，也接納各個民族文化與宗教，進行交流融合，成為開放的國際文化，尤其是文學發展達到高峰，以詩最興盛；當時有詩仙李白（701 年－762 年）、詩聖杜甫（712 年－770 年）等才士不勝枚舉，且有推行古文運動的吏部侍郎韓愈（768 年－824 年），其史書與〝唐傳奇〞[36]也十分發達；由於吸收西域特徵與宗教色彩，唐朝藝術與前後朝代都迥然不同，其壁畫、雕刻、書法與音樂都很發達。其外交方面：唐朝建國之初，對於邊疆民族的政策，有武力征服者，如以武力平定東突厥、吐谷渾、高昌等地，統一西北邊疆；有以政治手段來維持，如運用〝和親政策〞，文成公主(623 年－680 年）便是。唐太宗統一邊疆的卓越建樹，首推東突厥，他解除隋末唐初的嚴重威脅，被推舉為天可汗，開創歷史嶄新的一

---

[36] 唐傳奇是指中國唐代開始的虛構性文言短篇小說，它上承六朝神怪小說，始創於初唐，大盛於中唐，衰落於宋代，題材大致上可分愛情、志怪、豪俠、歷史四類，代表作品有《古鏡記》、《補江總白猿傳》、沈既濟《枕中記》、《任氏傳》、元稹《崔鶯鶯傳》、蔣防《霍小玉傳》、白行簡《李娃傳》、李公佐《南柯太守傳》、陳鴻《長恨歌傳》、袁郊《紅線傳》，以及杜光庭《虯髯客傳》等。

頁；唐朝聲譽遠及海外，其歷史地位極其深遠重要，到明清時期海外多稱中國人為〝唐人〞。

　　總的來說，唐朝之所以興盛，主要在於主政者賢明，勵精圖治，並加以各方面的革新，尤其是對內的經濟發展，讓人民生活富足安逸；對外主要以武力征服外患，疆域因此得以擴張，其次以和親政策以維持外交關係。之所以衰敗，主要在於宦官干政、黨爭、藩鎮割據，以及政治腐敗，民不聊生，最後發生民變所致。

四、宋元時期

宋朝時期分為南宋與北宋，合稱兩宋。而元朝時期是中國第一次，由外族入主中原的朝代。茲說明如下：

1.宋朝：

宋朝（960 年－1279 年），凡 18 帝 319 年間，是中國歷史上承五代十國，下啓元朝的朝代。宋朝在 960 年由宋太祖趙匡胤（927 年－976 年）建國，歷經南北兩宋，至 1279 年宋末帝趙昺（1272 年－1279 年）為止，國祚 319 年。其疆域在最鼎盛時，南至思陵州（今廣西寧明）、東至登州（今山東蓬萊）、北至代州（今山西代縣）、西及西寧州（今青海西寧），國土面積達 280 萬平方公里。

宋太祖；圖片來源：《維基百科》

宋朝於 960 年，五代十國時期後周殿前都點檢，也就是禁軍統領趙匡胤的部下發動〝陳橋兵變〞[37]，擁立趙匡胤為帝，奪後周恭帝柴

宋朝疆域達到頂峰時為 280 萬平方公里
圖片來源：《維基百科》

---

[37] 陳橋兵變是中國歷史上一宗發生在後周顯德七年（960 年）的軍事政變，亦是五代十國最後一次朝代更替，後周禁軍效仿後漢乾和八年（950 年）軍士擁立郭威登基稱帝的澶州兵變，於陳橋驛（今河南封丘東南陳橋鎮）擁戴趙匡胤為帝；此次兵變導致後周的滅亡與宋朝的建立。

宗訓（953 年－973 年）帝位而改元自立，史稱宋太祖，宋朝由此誕生。宋朝建國之初，宋太祖因陳橋兵變而意識到武人執政的危險性，為防止他人效仿自己兵變奪取皇權，於是通過〝杯酒釋兵權〞[38]，將兵權歸於中央，並設置轉運使，將地方財富集中到中央，又命諸州縣各選所部兵士，才力武力殊絕者送都下，其老弱者始留州，地方兵力亦收歸中央，並推行重文抑武的國策，採取調將指揮制。這一國策影響深遠，使北宋自成立之初，便頻頻不敵北方外患。

金太祖；圖片來源：
《維基百科》

女真人首領金太祖完顏阿骨打（1068年－1123 年）在統一女真諸部後，於 1115 年會寧府（今黑龍江省哈爾濱市阿城區）定鼎立國，史稱大金。後於 1127年，侵略北宋，宋徽宗趙佶（1082 年－1135 年）、宋欽宗趙桓（1100 年－1156 年）二帝皆被金兵擄去北上，北宋滅亡。宋徽宗之子康王趙構（1107年－1187 年）逃往南方並稱帝，是為宋高宗，經過一連串戰爭後，定都杭州臨安，史稱南宋。南宋在 1141 年與大金國達成《紹興和議》，向金國稱臣，以秦嶺淮河為界，此後維持江南偏安統治的局面。

宋高宗
圖片來源：《維基百科》

---

[38] 杯酒釋兵權是指發生在宋朝初期，宋太祖趙匡胤為加強中央集權，同時避免禁軍將領也黃袍加身，使類似澶州兵變和陳橋兵變的歷史劇重演，篡奪自己的政權，所以趙匡胤通過一次酒宴，在酒宴中發表意見，威逼利誘雙管齊下，暗示宴會將軍交出兵權，而各將軍果然聽從，翌日自行請辭。

1276 年，大元蒙古國元世祖忽必烈(1215 年－1294 年）南渡，南宋都城臨安陷落，領土多被元軍所侵占。殘餘勢力陸秀夫（1237 年－1279 年）、文天祥（1236 年－1283 年）和張世傑（？－1279 年）等人繼續擁立宋端宗趙昰（1269 年－1278 年）、宋少帝趙昺（1272 年－1279 年）繼續抵抗元朝。1279 年，崖山海戰[39]宋軍全軍覆滅，宋少帝隨大臣陸秀夫跳海殉國南宋正式滅亡。

宋少帝
圖片來源：《維基百科》

兩宋時期沒有太多的宦官干政和地方割據，大部分時間由皇帝控制政局，只是外患不斷，最終以外族入主中原收場。宋朝經濟空前繁榮，商業鼎盛，科技發展也非常進步，軒轅黃帝（前 2717 年－前 2600 年）的指南車、東漢‧蔡倫（63 年－121 年）的造紙術、唐初‧孫思邈（581 年－682 年）的火藥，北宋‧畢昇（？年－1051 年）的印刷術等四大發明，在宋代得到了改良：文化教育也非常發達，唐代韓愈、柳宗元(773 年－819 年)、宋代歐陽脩(1007 年－1072 年)、蘇洵(1009 年－1066 年)、蘇軾(1037 年－1101 年)、蘇轍(1039 年－1112 年)、曾鞏(1019 年－1083 年)、王安石(1021 年－1086 年)等八位作家，合稱唐宋八大家，就有六人出自宋朝，可見其儒學復興，社會上瀰漫著尊師重道之風。在政治上，宋太祖立下祖訓要求其子孫不得殺害文人及上書諫議之人，因此文人的地位得以提升，也相對包容，對忤旨或黨爭失勢的官員鮮有刑罰。

---

[39] 崖山海戰，是南宋祥興二年（1279 年），宋朝軍隊與蒙古軍隊在崖山進行的大規模海戰，也是古代中國少見的大海戰。

總的來說，宋朝之所以興盛，主要在於主政者賢明，重教育輕刑罰，儒學復興，社會上瀰漫著尊師重道的氛圍，尤其是經濟發達，讓人民生活富足安逸；之所以衰敗，主要在於外患所致。

2.元朝：

元朝（1271 年－1368 年），凡11 帝 97 年間，是中國歷史上承宋朝，下啟明朝的朝代，也是中國第一次，由外族入主中原的王國。蒙古帝國大汗忽必烈於至元八年（1271 年），取《易經》「大哉乾元」之意，定國號為〝大元〞，並定都於大都（今北京市），建立元朝，是為元世祖。自此，蒙古帝國大汗同時也被尊為中國皇帝，是元朝的開國皇帝。至元十六年（1279年），元世祖攻滅南宋殘餘勢力，征服整個中國。

元世祖
圖片來源：《維基百科》

元朝的版圖最大曾達到 2,400 萬平方公里，若包含藩屬國的疆域則更高達 3,500 萬平方公里，東邊到達東海和太平洋，包括朝鮮半島之南、北韓

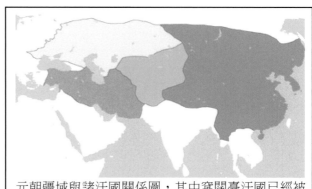

元朝疆域與諸汗國關係圖，其中窩闊臺汗國已經被元朝與察合臺汗國瓜分而亡；綠色區域：大元；灰色區域：察合臺汗國；黃色區域：欽察汗國；紫色區域：伊兒汗國。圖片來源：《維基百科》

等國；西邊則至中亞地區的裡海、黑海，包括土耳其、伊朗、阿富汗、哈薩克斯坦等國；南邊則到印度洋，包括緬甸、越南等國；北邊到達了北冰洋，包括俄羅斯在亞洲的全境，總人口約有2億人。

元朝的基礎為乞顏部族的首領鐵木真(1162 年－1227 年），於 1206 年統一漠北諸部族後建立的大蒙古國，鐵木真被稱為〝成吉思汗〞，是為元太祖。當時蒙古諸部雖受金朝統轄，然由於金朝與西夏均已走向衰落，致使成吉思汗有機會於元太祖二十二年（1227年）攻滅西夏。元太宗窩闊臺大汗（1186 年－1241 年）於元太宗六年（1234 年）攻滅金朝，取得中國華北地區和黃土高原地區。同時，大蒙古國在西方也不斷擴張，先後發動三次大規模西征，形成稱霸歐亞大陸的國家，被歐洲稱為蒙古帝國（Mongol Empire）。忽必烈大汗於至元十六年（1279 年）攻滅南宋，統治全中國地區，結束自窩闊臺攻宋以來 40 多年的蒙宋戰爭。

元太祖
圖片來源：《維基百科》

元世祖忽必烈到元武宗海山（1281 年－1311 年）期間，是為元朝國力鼎盛的時期，軍事上平定西北，但在侵略日本、東南亞諸國卻屢次失利，尤其在元日戰爭中，艦隊遇上強風巨浪而戰敗。元朝中期皇位之爭愈演愈烈，政治動盪更是不安，諸帝施

元太宗
圖片來源：《維基百科》

政處處受阻。至元順帝妥懽貼睦爾（1320 年－1370 年）晚期，由於倦怠政事，濫發紙幣導致通貨膨脹，尤其是為整治氾濫的黃河又加重徭役、賦稅，最後導致至正十一年（1351 年）爆發〝紅巾軍起義〞[40]。至正二十八年（1368 年），明太祖朱元璋（1328 年－1398 年）建立明朝後，派征虜大將軍徐達（1332 年－1385 年）北伐攻陷大都，元朝在漢區的統治結束，並退居漠北，史稱北元。北元後主天元帝脫古思帖木兒(1342 年－1388 年），繼續和明朝對抗，屢次進攻明朝邊境不果。天元十年（1388 年），阿里不哥(1219 年－1266 年）後裔也速迭兒

元順帝
圖片來源：《維基百科》

（1358 年－1391 年）殺害天元帝，廢除大元國號，國號復稱蒙古（明朝稱韃靼），北元滅亡。

　　元朝在經濟方面仍以農業為主，整體生產力均有進展，尤其是邊陲地區的經濟最為顯著；在生產技術、墾田面積、糧食產量、水利興修，以及棉花廣泛種植等方面也獲得一定的進步。過往蒙古人是游牧民族，草原時期以畜牧為主，經濟單一，無所謂

---

[40] 紅巾軍，是元朝末年反抗元朝的主要起事力量，因樹立紅旗，頭綁紅巾，故稱作〝紅巾〞；至正十一年（1351 年）五月，元順帝命工部尚書賈魯治黃河，動用大量民夫，造成不滿，白蓮教主韓山童與地主劉福通、離職官僚杜遵道等人決定在潁上（今屬安徽）發動起義，事敗韓山童被殺，劉福通、杜遵道帶韓山童之子韓林兒殺出重圍，韓林兒隨母親楊氏逃往武安，劉福通等佔領潁州（今安徽阜陽），許多人紛紛加入，並在安徽、河南一帶流竄，而北方其他起事者如徐州的芝麻李、彭大、濠州（今安徽鳳陽）的郭子興等，均稱紅巾起義，或稱紅巾之亂。

土地制度。攻滅金朝後，元太宗著手於復甦農業，鼓勵漢人墾殖以期長治久安。元世祖即位後鼓勵生產、安撫流民的措施，以至到元朝時，由於經濟作物，尤其是棉花不斷推廣種植，致棉紡織品在江南一帶非常興盛，使農村經濟得以自給自足。

元朝對中國傳統文化的影響，大過於對社會經濟的影響。不同於中國歷史上其他征服的王朝，為提升本身文化而積極吸收中華文化。元朝皇室對於宗教興趣濃厚，極力推崇伊斯蘭教與藏傳佛教，對中華文化則採取與西亞文化並重的模式進行發展。在政治上，政府大量使用〝色目人〞[41]，雖然元朝沒有系統性舉辦科舉，但對儒家文化相當的尊重，並將儒學推廣至邊遠地區，更創建了 24,400 所各級官學，使全國平均每 2,600 人即擁有一所學校的政績，創造了「書院之設，莫盛於元」的歷史記錄。

總的來說，元朝之所以興盛，主要在於武力征服他國，並擴張其疆域。之所以衰敗，主要在於皇位之爭奪，致使政治動盪不安，加上倦怠政事、通貨膨脹、加重徭役、賦稅，民不聊生，最後發生民變所致。

---

[41] 色目人，意為各色名目之人，是元朝時主要對中亞、西亞、歐洲民族的統稱，也是元朝的四類人民之一，在元朝政府的歸類上一切非蒙古人、漢人、南人的族群都算是色目人；其地位在蒙古人之下，漢人、南人之上，並被當時的蒙古人視為〝闊端赤〞(意為家人、同伴或隨從)；徙居中原的色目人大約有三、四十萬，在江浙閩地區的色目人，於元朝滅亡後和滯留的蒙古人一起淪為墮民(次等人)，或自發改漢姓，隱入漢民族當中。

五、明清時期

明朝時期雖有明朝、南明與明鄭之分，然南明、明鄭時期依舊奉明朝為正朔，並未更改國號，故以明朝時期說之。而清朝時期是中國第二次由外族入主中原的朝代。茲說明如下：

1.明朝：

明朝（公元 1368 年－1644 年），凡 16 帝 276 年間，是中國歷史上承元朝，下啓清朝的朝代。元末爆發紅巾起義，平民朱元璋（1328 年－1398 年）加入郭子興（1302 年－1355 年）隊伍，並於 1364 年封吳王，史稱西吳。1368 年稱帝，國號大明並定都於應天府（今南京），史稱明太祖。1421 年明成祖朱棣（1360 年－1424 年）遷都至北京，並以南京為陪都。明朝歷經洪武之治、永樂盛世、仁宣之治等盛世，政治清明，國力強大。1449 年經土木堡之變[42]而由盛轉衰，後經弘治中興、萬曆中興，國勢才逐漸恢復。明朝晚期，卻因政治腐敗、東林黨爭和天災、外患導致國力衰退，民不聊生，因而爆發農民起義。

明太祖
圖片來源：《維基百科》

---

[42] 土木堡之變，是指明朝正統十四年八月十五日（1449 年 9 月 1 日），明英宗朱祁鎮禦駕親征北伐瓦剌後退途中，於北直隸宣府鎮土木堡（今河北省張家口市懷來縣境內）遭遇瓦剌軍襲擊，慘敗被俘的事變，同時也是正統十四年七月至八月十五日期間，明朝和瓦剌在大同、宣府兩地爆發的一系列軍事衝突的統稱。

1644 年李自成（1606 年－1645 年）攻入北京，明思宗朱由檢
（1611 年－1644 年）自縊，明朝滅
亡。後經清兵入關，明朝宗室在南方
建立多個政權，史稱南明。清軍陸續
擊敗弘光帝朱由崧（1607 年－1646
年）、隆武帝朱聿鍵（1602 年－1646
年）、紹武帝朱聿鐭（1605 年－1647
年）等政權。1662 年永曆帝朱由榔
（1623 年－1662 年）被殺南明覆滅。
1683 年清軍攻佔臺灣，奉明正朔的明
鄭[43]也覆滅。

明思宗；圖片來源：
《維基百科》

明代疆域最大
時，東北抵日本海、
外興安嶺；北達陰
山；西至新疆哈密；
西南到達緬甸和暹羅
北境；並在青藏地區
設有羈縻衛所，還曾
收復安南(今越南)，
疆域約有 1100 萬平
方公里。

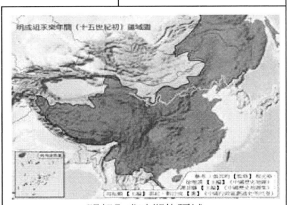
明朝全盛時期的疆域
圖片來源：《維基百科》

明朝建國之初武功盛極一時，明太祖朱元璋立國江南，以
「驅逐胡虜，恢復中華」為口號，北伐中原，最終推翻蒙古人建
立的元朝並逐步從戰亂中恢復國力，史稱洪武之治。明太祖致力

---

[43] 明鄭（1628 年－1683 年），是鄭成功家族在中國大陸東南部，以及臺灣西南
部等地區，所建立的政治勢力，並沿用明朝和南明的國號和年號。

於中央集權，並藉胡惟庸案[44]與藍玉案[45]，誅殺功臣，以提高皇權。廢除宰相和中書省，分權於六部，全國共置十三布政司，並由布政使、按察司、都指揮使分理民政、司法，以及軍事。

明太祖去世後，其孫建文帝朱允炆（1377 年－？年）即位，卻在〝靖難之役〞[46]中敗於原駐守燕京的第四子明成祖朱棣（1360 年－1424 年），建文帝也自此失蹤。明成祖永樂帝在位期

---

[44] 胡惟庸案，是指明太祖朱元璋誅殺宰相胡惟庸事件，隨後大肆株連殺戮功臣宿將，並罷左右丞相，廢除中書省，其事由六部分理。

[45] 藍玉案，發生在洪武二十六年（1393 年），是明太祖朱元璋藉口涼國公藍玉謀反，株連殺戮功臣宿將的重大政治案件；朱元璋在朱標死後藉藍玉案大量屠殺具備軍事才能之將帥，斬除對君權有潛在威脅之人，以致靖難之役時，建文帝無將可用；其背景為洪武二十六年（1393 年），朱元璋以謀反的罪名誅殺了大將軍藍玉和大批人，而藍玉是洪武時期的主要將領之一，他曾於洪武二十一年（1388 年），率 15 萬大軍出塞追擊蒙古軍隊，直到捕魚兒海（即今貝爾湖），俘獲男女七萬七千人，大勝而歸；此後他又多次北征蒙古，立下赫赫戰功，被晉封為涼國公，位居大將軍之職，藍玉統兵多年，在軍中頗有威望，麾下驍將十餘員，個個勇猛善戰；以一介武夫起家的朱元璋，原本就最忌武人擁兵自重；而藍玉卻自恃功高勢大，驕橫不法，在軍中他擅自黜陟將校，進退自專，甚至不聽君命；某次北征還師，夜扣喜峰關，關吏沒有及時接納，藍玉就縱兵毀關強行進入，這一舉動顯然引起了朱元璋的猜忌；在地方上，藍玉霸佔東昌民田，私蓄奴婢，縱奴作惡鄉里，此事後為御史舉劾，但藍玉竟怒逐御史，他還讓家人私買雲南鹽 1 萬餘引（每引 200 斤或 400 斤），進行走私，又因奏請多未採納，一直對朱元璋心懷不滿，這些做法終於讓朱元璋動了殺機。

[46] 靖難之役，是明朝初年建文帝在位時，所發生的一場因削藩政策，以及爭奪皇位引發的內戰；建文元年七月初五（1399 年 8 月 6 日），明太祖第四子燕王朱棣，與明太祖第十七子寧王朱權（實則由燕王作最高領導，而寧王是被迫加入）為首的藩王，共同反叛姪兒建文帝朱允炆，戰爭持續近三年，建文帝缺乏謀略，任用主帥不當，致使主力不斷被殲滅；燕王以燕京（今北京）為基地，適時出擊，靈活運用策略，經幾次大戰消滅朝廷軍隊主力，最後乘勝進軍，於建文四年六月十三（1402 年 7 月 13 日）攻下帝都應天府（今南京），建文帝失蹤後下落不明，朱棣登基為永樂皇帝。

間，改善政治制度，發展經濟，開拓疆域並於永樂十八年（1420 年），遷都順天府（今北京），使北京自此成為中國的政治中心。此外他還命令大學士解縉編修《永樂大典》，北征蒙古，南平安南(今越南)，並派遣宦官鄭和（1371 年－1433 年）下西洋，宣揚國威致萬邦來朝，史稱永樂盛世，明成祖也被後世稱為〝永樂大帝〞。另外，他加強太祖以來的專制統治，強化錦衣衛並成立東廠，殘酷鎮壓忠於建文帝時的大臣，並不顧祖訓重用宦官，也種下明朝中葉後宦官專政的禍根。

明成祖
圖片來源：《維基百科》

後在明仁宗朱高熾（1378 年－1425 年）和明宣宗朱瞻基（1399 年－1435 年）的治理下，大明國力達到頂峰，史稱仁宣之治。明宣宗之子明英宗朱祁鎮（1427 年－1464 年）幼年即位時，朝中有楊溥（1372 年－1446 年）、楊士奇（1365 年－1444 年）、楊榮（1371 年－1440 年）等三位內閣首輔主持政局，一時〝海內清平〞。接

《永樂大典》；圖片來源：《維基百科》

著明英宗親征瓦剌，被俘於土木堡之變。兵部尚書于謙（1398 年－1457 年）另立明英宗之弟朱祁鈺（1428 年－1457 年）為明景帝。瓦剌議和，放回明英宗，並發動奪門之變[47]奪回帝位。明英

---

[47] 奪門之變，是明景帝景泰八年（1457 年）正月發生的一場政變，太上皇朱祁鎮成功復辟，奪回皇位。

宗在位期間，廢除自明太祖時殘酷的殉葬制度，並逐漸任賢用人使朝政有所轉機。明英宗之子明憲宗朱見濬（1447 年－1487 年）繼位後，前期勵精圖治，但後期寵幸宦官汪直（生卒不詳），致宦官亂政[48]。後在明孝宗朱祐樘（1470 年－1505 年）統治的弘治年間，君臣同心協力，國家呈現中興氣象，史稱弘治中興。到明穆宗朱載垕（1537 年－1572 年）之隆慶年間，以及明神宗朱翊鈞（1563 年－1620 年）之萬曆年間，內閣首輔張居正（1525 年－1582 年）實行改革，加強邊防，修治河道，並推行一條鞭法合併各種名目的賦稅雜役，減輕人民負擔，史稱萬曆中興。

萬曆中葉後，明神宗不管政事，濫收礦監稅，尤其在明熹宗朱由校（1605 年－1627 年）之天啟年間，宦官魏忠賢閹黨禍亂朝綱，雖至明思宗朱由檢（1611 年－1644 年），也就是崇禎帝即位後剷除閹黨，但閹黨倒臺後黨爭又起，致使政治腐敗國力衰退，民不聊生，最終爆發大規模民變，該民變主要有李自成（1606 年－1645 年）的〝大順政權〞和張獻忠（1606 年－1647 年）的〝大西政權〞。崇禎十七年三月十九日（1644 年 4 月 25 日），李自成率領的大順軍攻破北京，崇禎帝自縊於煤山(今北京景山公園)，史稱甲申之變，明朝滅亡。

---

[48] 汪直，是明朝成化年間的知名宦官、御馬監掌印太監，首創西廠，汪直覽政期間，獨掌西廠，爪牙遍佈全國，任意羅織罪名，屢興大獄，肆意橫行，士大夫「益俯首事直，無敢與抗者」，「先後凡六年，冤死者相屬」。內閣首輔商輅陳汪直十一罪，並說服閣老萬安、劉珝、劉吉、九卿項忠等彈劾汪直，兼之太監阿丑諷刺汪直權大，憲宗罷去西廠；汪直不再掌管西廠，但仍然受寵，遂誣陷商輅收受指揮楊曄賄賂，而御史戴縉再次歌頌汪直功勞，請恢復西廠，商輅於是力求離去；商輅既去，士大夫更加俯首侍奉汪直，沒有再敢與之抗者；後在御史徐鏞等人彈劾與尚銘、阿丑的進諫之下，汪直被皇帝貶至金陵。

　　隨後清朝軍隊在明朝將領吳三桂（1612 年—1678 年）的帶領下，入關擊敗大順軍，建立清朝。但由明朝宗室在江南建立的若干南明政權延續了數十年，忠於明朝的延平王鄭成功（1624 年—1662 年）從荷蘭人手中取得臺灣作為反清基地，是謂明鄭王朝。直到 1683 年清軍佔領臺灣，明朝才完全滅絕。

　　總的來說，明朝之所以興盛，主要在於主政者賢明，勵精圖治，並加以各方面的革新，尤其是對內的經濟發展，讓人民生活富足安定；對外主要以武力與仁德兼備，以宣揚國威致萬邦來朝。之所以衰敗，主要在於宦官干政、黨爭，以及政治腐敗、重徭役與賦稅，以至民不聊生，最後發生民變所致。

2.清朝：

　　清朝（1636 年—1912 年），凡 11 帝 276 年間，是中國歷史上承明朝，下啟民國的朝代，是中國第二次，由外族入主中原的王國，也是中國歷史上最後一個帝制王朝。皇族起源於明代建州女真的愛新覺羅氏，隸屬明朝建州衛管轄之部眾，而建州衛是明朝在中國東北南部設立的一個羈縻衛所，曾隸屬於奴兒干都司的管轄，愛新覺羅氏世代為明朝建州左衛之都指揮使。1616 年，女真族人努爾哈赤(1559年—1626 年）在中國東北地區建國稱汗，建立大金，史稱後金，並定

清太宗
圖片來源：《維基百科》

都興京（今遼寧新賓）。1636 年，努爾哈赤的繼承者清太宗皇太極（1592 年—1643 年）在盛京（今瀋陽）稱帝，定國號為大清，當時控制地區雖僅止於東北及漠南地區，但已對退守長城以南的明朝造成重大威脅。1644 年，李自成率軍攻陷北京，明將吳三桂等部為對抗李自成而歸降清軍，並引清兵進入山海關，清太宗在擊敗李自成軍後遷都北京，並開始大規模南下。其後的數十年內，清朝陸續擊敗華北殘餘明朝勢力，以及李自成的大順軍、張獻忠的大西軍、南明和明鄭等勢力，控制中國全境。並歷經清聖祖玄燁（1654 年—1722 年）即康熙帝、清世宗胤禛（1678 年—1735 年）即雍正帝，以及清高宗弘曆（1711 年—1799 年）即乾隆帝等的勵精圖治，使清朝國力及經濟文化逐步得到恢復和發展，並統治著遼闊的領土及藩屬國，史稱康雍乾盛世，是清朝發展高峰時期。

清朝的疆域在極盛時期，西抵蔥嶺和巴爾喀什湖，西北包括唐努烏梁海，北至漠北和西伯利亞，東到太平洋（包括庫頁島），南達南沙群島。面積約 1,470 萬平方公里，總人口 4 億 3 千 2 百多萬人。

清朝全盛時期的疆域
圖片來源：《維基百科》

在康熙帝時期，為政寬仁，留心民間疾苦，停止圈地[49]，放寬墾荒地的免稅年限，還著手整頓吏治，恢復京察、大計等考核制度。受康熙帝的〝滋生人丁，永不加賦（攤丁入畝）〞[50]政策，以及外來農作物的引進等影響，清朝人口大大提升。他先後任用河道總督靳輔（1633 年—1692 年）和兩江總督于成龍（1617 年—1684 年）治理黃河與大運河，得到很好的成績。康熙帝重視對漢族士大夫的優遇，多次舉辦博學鴻儒科，創建南書房制度，並向來華傳教士學習西方科學與文化。只可惜康熙晚期，由於官員薪資過低以及法律過寬，導致官吏貪污，吏治敗壞，並發生〝南山案〞[51]文字獄事件，到

康熙帝
圖片來源：《維基百科》

雍正與乾隆時期這種情況更加嚴重。康熙帝本來按照中國立嫡立長的傳統封胤礽（1674 年—1725 年）為太子，但由於太子本身的素質問題，及其在朝中結黨營私而遭到廢除，使得諸皇子為皇位互相結黨傾軋。

---

[49] 所謂圈地，是為圈佔〝無主荒地〞，歸八旗軍士所有；圈地後，很多農民田地被佔，流離失所，部份地主或農民投充到八旗莊園，或流亡他鄉，造成大量流民、乞丐出現。

[50] 攤丁入畝，草創於明代，大致完成於清朝，尤其是雍正帝統治時的一項重大稅制改革，將中國實行兩千多年的人頭稅（丁稅）廢除，而併入田賦，從而將人力形式的地方稅收歸朝廷所有。

[51] 南山案，發生於清聖祖康熙五十二年（1713 年）的文字獄，由左都御史趙申喬舉發翰林戴名世的作品《南山集》：「狂妄不謹」、「語多狂悖」，後戴名世被斬。

雍正帝獲得理藩院尚書兼步軍統領、九門提督之隆科多(1658年—1728年)，及總督年羹堯（1680年—1726年）的協助得以繼位，年羹堯並平定青海亂事以穩固政局，後因擁兵自重目無法紀，被雍正帝賜死，而隆科多被定41款大罪而幽禁。雍正帝在位時，針對康熙時期的弊端採取補救措施，以延續康雍盛世。他設置軍機處加強皇權，廢殺與他對立的王公並削弱親王勢力。注重皇子教育，並採取秘密立儲制度，以防止康熙晚年諸皇子爭位的局面再發生。他將丁銀併入地賦，減輕無地貧民的負擔並廢止賤民政策，令世代受到奴役且地位低賤的賤戶被解放。更為解決

雍正帝
圖片來源：《維基百科》

地方貪腐問題，使〝火耗歸公、耗羨費用改由中央政府計算〞[52]；設置〝養廉銀〞[53]提高地方官員薪水等措施。

---

[52] 耗羨歸公又稱火耗歸公，是地方官向民眾徵收稅金時，會以運送與鎔鑄等耗損為由多徵銀兩，稱為火耗或耗羨，但耗羨的範圍大於火耗，耗羨還包含徵納運京的米穀，被雀鼠偷食損耗等。

[53] 養廉銀是清朝官員的俸祿制度，在中國歷史上為清朝特有；雍正元年（1723年）雍正帝創立養廉銀制度，本意是想藉由高薪來培養及鼓勵官員廉潔的習性，進而避免貪污的情事發生，因此取名為〝養廉〞；但在攤丁入畝、火耗歸公後，清政府將所有稅收包括酒醋等地方稅改歸朝廷所有，致使地方財政困難；因此看似高薪養廉，然而實際上將地方的行政費用歸於地方首長所有，導致清朝地方貪腐的情況為史上之最。

　　乾隆帝繼位之初，獲得張廷玉（1672 年—1755 年）與鄂爾泰 (1677 年—1745 年）的協助，穩定政局。他以〝寬猛相濟〞理念施政，介於康熙帝的仁厚與雍正帝的嚴苛之間，人口不斷增加使乾隆末年突破三億大關，約佔當時世界人口的三分之一。江南與廣東等地的絲織業與棉織業都很發達，景德鎮的瓷器也達到歷史高峰，銀號(今銀行)也開始在山西出現，國庫庫存銀兩亦是豐滿。然而乾隆晚期多從寬厚，寵信貪官和珅(1750 年—1799 年），致官員腐化、政治大壞。乾隆帝也注重鴻講學術，更出版許多書籍，如《續三通》、《皇朝三通》與《大清會典》等史書；著名小說《紅樓夢》、《聊齋誌異》和《儒林外史》等；尤其是 1773 年更下令考據補遺，編纂《四庫全書》，與《古今圖書集成》，成為全世界最龐大的類書，這些都成為乾隆盛世的文化標誌。

乾隆帝；圖片來源：
《維基百科》

《四庫全書》；圖片
來源：《維基百科》

　　乾隆帝駕崩後由清仁宗顒琰（1760 年—1820 年），也就是嘉慶帝繼位，他在當太子時即痛恨貪官和珅，親政後將其賜死，並抄收其家產。然嘉慶帝並沒有藉此全面整頓政風，加上地方出現賣官以平衡開支的現象，使得貪污腐敗的風氣更加擴大，加重地方人民的負擔，致使民亂不斷，有白蓮教的川楚教亂、東南有海盜侵襲，華北有天理教之亂，道光之後又有太平天國之亂、捻亂，以及陝甘回變與雲南回變，再加上鴉片戰爭等外患，使得清廷搖搖欲墜。

清朝在政治方面：基本沿襲明朝高度權力集中，不設宰相，其最高決策單位隨皇帝的授權而變動，如議政王大臣會議、軍機處、總理衙門等，除提升行政效率外，也使皇帝能充分掌權。在軍事方

1840 年 6 月 5 日，第一次定海之戰，英軍艦攻擊清軍的帆船。
圖片來源：《維基百科》

面：原先以旗人的八旗軍為核心精銳，龐大的綠營為主要軍力，而後期逐漸以綠營和地方團練如湘軍、淮軍為支柱，初期所進行的陸上與海上擴張，以及對邊疆地區入侵的震攝，奠定現代中國的基本領土範圍。在經濟方面：清朝盛世時期因政局穩定、新作物傳入與賦稅制度的改革，使得中國人口突破以往的平均值，達到四億餘，國際貿易提升，帶動經濟農業與手工業的發展，使人民生活富足安定。在外交方面：除與周邊東亞國家有往來，西方也透過海路進行貿易及宣教活動，其中以耶穌會的傳教士最先踏入中國。康熙帝本支持傳教士來華，但羅馬教皇於 1704 降旨不准中國信徒祭祖、祀孔而引發〝中國禮儀之爭〞[54]，康熙帝大怒，

---

[54] 中國禮儀之爭，是指 17、18 世紀西方天主教傳教士，就中國傳統禮儀是否與天主教義相容，從而和清王朝在學術和政治上發生的衝突；在天主教內先後有兩種看法，耶穌會認為祭祖與祭孔乃世俗的禮儀，與天主教教義相容，在一定範圍內是應該被容忍的；而以道明會和方濟會則認為，與天主教教義相悖，不可容忍，並因此向教宗請示報告，在道明會建議下，聖座在 1645年通過通諭，禁止中國教徒祭祖祭孔，但之後在耶穌會的遊說下，聖座在1656 年解除了這個禁令；這個風波曾一度使中國和亞洲其它地區，包括日本和印度的天主教徒都受到影響；在這場衝突中，清朝皇帝和幾個教宗分歧越來越大，最終使得聖座進行直接干預；雖然到了後期，道明會和方濟會已不像當初激烈反對耶穌會的思想，但教宗們始終持強硬態度；在兩個世紀後的1939 年，聖座開始重新審視這個問題，庇護十二世在 1939 年 12 月 8 日頒布一項諭令，同意教徒進行祭祖儀式和祭孔儀式，後來在第二次梵蒂岡大公會議（1962 年-1965 年）上正式認可祭祖祭孔，成為教義的一部分。

乃開始禁教。康熙帝晚年，宮中爆發政爭，天主教會捲入其中，於是雍正帝在位時，更全面禁止傳教士東來。後乾隆帝又因與英使喬治・馬戛爾尼（George Macartney, 1st Earl Macartney，1737 年—1806 年）對〝禮儀意見不合〞[55]，而下令不准開放港口，導致清朝中葉後的科技較西方更為落後。

1840 年的中英鴉片戰爭，讓中國從東亞的中心變成列強環伺的國家。世界列強諸國迫使清廷簽訂系列門戶開放條約，加速門戶開放及與海外商貿產業聯繫。清廷在飽受外侮與內憂的同時，也一直處於改革派與守舊派拉鋸的局面，尤其是外國資本加速流入的同時，西方科學與文化亦被快速引入，令官方及社會民間出現一連串改革浪潮。1894 年甲午戰爭的失敗，讓中國的國際地位大為降低，加速列強瓜分中國的命運。其後的〝維新運動〞[56]也

---

[55] 乾隆五十八年（1793 年），英國遣使喬治・馬戛爾尼於乾隆 83 歲時，到中國尋求駐節，但雙方出現與乾隆皇帝會面採〝單膝下跪〞（英方主張）或〝三跪九叩〞（中方主張）的禮儀之爭，最後以單膝下跪而為禮。

[56] 維新運動或稱戊戌變法或稱百日維新，是大清光緒二十四年間（1898 年 6 月 11 日—9 月 21 日，戊戌年）的短暫政治改革運動，變法最初由慈禧太后默許、光緒皇帝主導，深入經濟、軍事、政治及官僚制度等多個層面，目的是使中國走上君主立憲的道路。然而後期改革過於激烈，加上光緒皇帝有意通過維新派奪回權力，且有維新派首領康有為建議將慈禧太后囚禁、暗殺等傳聞，加上以慈禧為首的清朝當權保守勢力擔心變法中的計劃最終會導致中國被日本和英國瓜分，步上朝鮮乙未事變的後塵，因而發動戊戌政變，歷經 103 日就告終，維新派首領康有為逃往天津，梁啟超逃入日本駐北京大使館，譚嗣同等維新人士陸續被捕殺害，光緒帝則被軟禁於中南海瀛臺，慈禧重新當政，引發民間輿論支持孫文和黃興等更為激烈的革命主張，推翻帝制，建立共和。

隨守舊派抵制而告終。〝義和團運動〞[57]也在八國聯軍和清政府鎮壓下失敗，清廷推動清末新政，雖取得一些成效，但由於仍維護滿清皇室的利益，讓許多立憲派知識分子失望轉向支持革命。終在 1911 年辛亥革命爆發，1912 年 1 月 1 日中華民國臨時政府在南京正式成立，隆裕太后(1868 年—1913 年）以宣統帝溥儀(1906 年—1967 年）的名義，2 月 12 日頒下《退位詔書》，清朝正式滅亡。

總的來說，清朝之所以興盛，主要在於主政者賢明、寬仁，勵精圖治，並加以各方面的革新，尤其是對內的經濟發展，讓人民生活富足安定；對外主要以武力征服，以鎮攝外患，並因此的疆域得以擴張。之所以衰敗，主要在於寵臣和珅干政、黨爭、貪污、政治腐敗、加重人民負擔，以至民不聊生，最後發生民變，以及外患列強侵蝕所致。

清帝遜位詔書，宣統三年十二月二十五日。副署者有內閣總理大臣袁世凱、署外務大臣胡惟德、民政大臣趙秉鈞、署度支大臣紹英、學務大臣唐景崇、陸軍大臣王士珍、署海軍大臣譚學衡、司法大臣沈家本、署農工商大臣熙彥、署郵傳大臣梁士詒、理藩大臣達壽；圖片來源：《維基百科》

---

[57] 義和團運動，是一宗發生於晚清 1900 年，受朝廷支持的武裝排外暴亂；清朝甲午戰爭失敗後，西方列強劃分在清朝的勢力範圍，中原基督徒增加，中原北部農村頻繁發生宗教案件，又逢天災及宮廷權力爭鬥激化的情況下，黃河北岸農民與中原基督徒之間時常發生衝突；1900 年春季衝突激化，發展為武裝排外暴亂，直隸成千上萬習練義和拳並號稱〝義和團〞的當地居民動用私刑處死大量基督徒與外來的西方人，並縱火燒毀教堂和基督徒房屋，整個運動並無嚴密的組織或統一的領袖，而是一場自發的群眾行動，行為矛盾且混亂，對於列強的質問，慈禧太后對此事的態度也多次反覆；同年 6 月，慈禧太后暫時決定利用並允許義和團進駐北京，義和團又先於清軍進攻天津租界，庚子五臣諫言朝廷取締犯罪行為被處死，以及德籍外交官克林德遭到當街打死，因事情傳到西方，最終釀成俄羅斯、德國、法國、美國、日本、奧匈帝國、義大利和英國八國組建八國聯軍，遠征天津和北京報復，引發八國聯軍之役，使義和團被擊破。

六、民國時期

民國時期有兩個含意，一為對中華人民共和國而言，係指 1911 年－1949 年，凡 6 任總統 38 年間；二為對中華民國而言，係指 1911 年－迄今，凡 15 任總統 112 年間，並分成大陸時期(1911 年－1949 年)與臺灣時期(1950 年－2023 年)。本單元所指為大陸時期。

中華民國大陸時期，係從 1911 年 10 月 10 日武昌起義，建立中華民國軍政府鄂軍都督府，至 1949 年底中華民國政府遷臺之間，是中華民國政府有效統治中國大陸的歷史時期，在中國歷史上承清朝，下迄今還持續的朝代，也是中國歷史上首次採民主共和立憲的國家，並定都南京。其疆域最大時的面積為 11,357,488 平方公里，是全球陸地面積第二大國家[58]。疆域最北為唐努烏梁海之薩彥嶺脊；東臨黑龍江與烏蘇里江合流處；南界南沙群島之曾母暗沙海域；西至帕米爾高原的噴赤河。在 1945 年 10 月 25 日，中華民國國民政府接管原由大日本帝國統治的臺灣與澎湖群島等地。人口最多時，約為 5 億 4 千多萬人。

民國全盛時期的疆域
圖片來源：《維基百科》

---

[58] 全球陸地面積第一大國家為蘇聯，在 1991 年解體之前，土地面積達 22,402,200 平方公里。

清朝末年，中國內憂外患，社會動盪不安。義和團運動導致八國聯軍發動侵華戰爭，迫使清朝政府簽訂《辛丑條約》[59]，該條約是中國近代史上賠款數目最龐大、主權喪失最嚴重的條約，賠償金額高達 4 億 5 千萬兩，若包括利息支付則高達 8 億 5 千萬兩(今約 400 億美金)，當時清朝政府一年的總預算還不到 1 億兩。因此，國內的部分開明人士與海外留學生成立了一些革命組織。1908年，清朝政府

各國代表在辛丑條約上的簽署
圖片來源：《維基百科》

各國代表
圖片來源：《維基百科》

頒布《欽定憲法大綱》，宣布〝十年後實行立憲〞來敷衍改革呼聲，但結果令立憲派大失所望，革命漸成眾望所歸。

---

[59] 《辛丑條約》，是大清帝國與英國、美國、日本、俄羅斯、法國、德國、義大利、奧匈帝國、比利時、西班牙和荷蘭十一國在義和團運動結束，八國聯軍攻入北京後簽定的一條不平等和約，被認為是中國近代史上賠款數目最龐大、主權喪失最嚴重的條約；條約簽定於光緒二十七年（1901 年）9 月 7 日，是辛丑年七月二十五日，故得其名，由大清的實際最高統治者慈禧太后委任欽差大臣慶親王奕劻、兩廣總督李鴻章作為談判及簽約代表，原條約原存於中華民國外交部，現存於臺北故宮博物院。

1911 年 4 月 27 日，中國同盟會在廣東省廣州府發起黃花崗起義[60]，被清軍鎮壓。6 月17 日，四川保路同志會成立，發起保路運動[61]，由立憲派領導，清朝政府權力衰落。1911年 10 月 10 日辛亥革命爆發，各省紛紛響應並宣布獨立；12 月 20 日孫中山先生等革命黨人在江寧府(今南京市)召開十七省代表會議，並於 1912年 1 月 1 日宣布成立中華民國臨時政府，由孫中山先生擔任臨時大總統，並定都南京府(今南京市)。

廣州黃花崗七十二烈士墓
圖片來源：《維基百科》

月 12 日南北議和後，中華民國臨時政府遷往順天府(今北京市)，由袁世凱（1859 年—1916 年）擔任第二任臨

袁世凱
圖片來源：《維基百科》

時大總統，中華民國正式繼承清朝。1913 年 10 月北京政府成立，由袁世凱擔 2 任第一任正式大總統，史稱〝北洋政府〞。國

---

[60] 黃花崗起義，是中國同盟會於 1911 年 4 月 27 日在中國廣東省廣州發起的一場起義，這場起義於 1910 年 11 月 13 日在檳榔嶼會議上由孫文提出，並由黃興主持籌劃，1911 年 1 月 18 日黃興在香港成立起義統籌部，以趙聲為總司令，黃興為副總司令。

[61] 保路運動又稱保路風潮，發生於宣統三年，為清末四川、湖北、湖南、廣東等省反對清朝政府將地方準備興建的川漢鐵路、粵漢鐵路進行國有化而發生的運動，其中四川省的運動最為激烈；四川保路運動是由立憲派所發動和領導，他們力圖把運動控制在和平抗議的範圍內，要求人們只求爭路，不反官府，不打教堂，更不得聚眾暴動；同盟會雖然沒有掌握保路運動的領導權，但他們執行〝借保路之名，行革命之實〞的策略，暗中聯絡會黨，準備武裝起義；此次運動因使清廷調派湖北官軍前往四川地方鎮壓，導致守備缺乏，是武昌起事成功的決定性因素。

民革命軍北伐後，由中國國民黨成立的國民政府於 1928 年 6 月 3 日取代北洋政府，定都南京市，名義上統一南北並透過施行訓政以黨治國。在北伐戰爭後期，國民政府陷入分裂和內部軍事衝突，蔣介石（1887 年－1975 年）實施清黨後發生四一二事件[62]，中國國民黨與中國共產黨從合作走向對抗，爆發第一次國共內戰[63]。

蔣介石；圖片來源：《維基百科》

　　1931 年爆發九一八事變[64]後，日本不斷製造衝突。面對日本的軍事壓力，國內輿論呼籲〝停止內戰，一致對外〞。1936 年底西安事變後，國共兩黨開始

四一二事件上海街頭處決共產黨人士；圖片來源：《維基百科》

[62] 四一二事件，國民政府稱為東南清黨，中國共產黨稱為四一二反革命政變，是中國國民黨〝清黨〞第一期中的標誌性事件；1927 年 4 月 12 日，蔣中正所領導國民黨右派黨員，在上海青幫的幫助下，大規模逮捕、處決共產黨黨員和部分國民黨左派，並取締蘇聯顧問。

[63] 第一次國共內戰是指在 1927 年至 1937 年間，由中國國民黨領導的國民政府、國民革命軍與中國共產黨領導的政權、軍隊之間的內戰，在〝西安事變〞和平解決；其中，西安事變是指 1936 年 12 月 12 日，時任西北剿匪總司令部副總司令的東北軍將領張學良、時任國民革命軍第十七路軍總指揮的西北軍將領楊虎城在西安發動〝兵諫〞，扣押國民政府軍事委員會委員長兼行政院院長蔣介石，要求蔣介石立即抗日，停止剿共。

[64] 九一八事變是指 1931 年 9 月 18 日在中國東北發生的日本侵略戰爭，是日本侵略中國東北的開端，雙方是中國國民革命軍東北邊防軍和日本關東軍；該日，日本稱中國軍隊炸毀南滿鐵路柳條溝的一段鐵橋，並於晚十點砲轟國軍東北駐地〝北大營〞，侵佔瀋陽；駐瀋陽東北軍多次向正在北平的東北軍領袖張學良報告遭到日軍襲擊，張多次下令不抵抗；19 日及隨後幾天，張學良與包括諜報單位的各方面人員多次向時任國民政府主席兼行政院院長的蔣中正報告遇襲，蔣多次下令避免衝突，東北軍未能有組織地抵抗日軍的進逼，僅僅三個月內，日本關東軍在幾乎沒有軍事衝突下便侵佔東三省全境，1932 年 3 月 1 日本在東三省建立傀儡政權滿洲國。

第二次合作。在國民政府於 1930 年代的統治時期中，中國的交通、衛生、教育、及經濟均獲得迅速發展，被學界稱為〝黃金十年〞。1937 年 7 月，抗日戰爭全面爆發，南京保衛戰失利後，日軍在南京進行大屠殺[65]，國民政府撤退到重慶並作為陪都，日本則在佔領區內建立包括汪精衛（1883 年—1944 年）國民政府在內的數個傀儡政權。1941 年 12 月，國民政府正式對日宣戰，對日抗戰成為第二次世界大戰的一部份。1945 年，同盟國戰勝日本，但抗戰期間已存在的國共摩擦成為國共衝突。至 1946 年第二次國共內戰[66]全面爆發。

日軍在九一八事變後進入瀋陽
圖片來源：《維基百科》

南京大屠殺日軍活埋中國人圖片
來源：《維基百科》

汪精衛；圖片來源：《維基百科》

1947 年，國民政府頒布《中華民國憲法》，改組為行憲的中華民國政府，並實施貨

---

[65] 南京大屠殺，是日本帝國初期佔領中國首都南京後，對當地居民實施的有組織、有計劃、有預謀的大規模屠殺、強姦以及縱火、搶劫等一系列戰爭罪行與反人類罪行的統稱；該暴行從 1937 年 12 月 13 日攻佔南京開始持續 6 周以上，直至 1938 年 2 月，據第二次世界大戰結束後遠東國際軍事法庭，和南京軍事法庭的有關判決和調查，在大屠殺中有 20 萬以上至 30 萬中國平民和戰俘遭到日軍殺害，在大屠殺第一個月約 2 萬中國婦女遭日軍姦殺，南京城三分之一的建築被日軍縱火燒毀。

[66] 第二次國共內戰發生於 1945 年至 1950 年間，是中國國民黨與中國共產黨為爭奪中國的統治權而引起的內戰；其結果導致中華人民共和國建立、中華民國政府遷臺，以及兩岸分治的現狀。

幣改革，試圖以政治與經濟上的革新穩固統治地位，但卻爆發惡性通貨膨脹[67]。1948 年 9 月至 1949 年 6 月，中國共產黨領導的中國人民解放軍取得遼西、徐蚌、平津等三大會戰，和渡過長江戰役的勝利，並佔領首都南京，以及全國經濟中心的上海。1949 年 10 月 1 日，中華人民共和國在北京正式成立。而解放軍則繼續進攻，試圖徹底消滅中華民國，完成對全中國的控制。同年 12 月 7 日，中國國民黨執政下的中華民國政府遷至臺北。1950 年西昌戰役[68]後，中華民國政

作為中國共產黨起義軍總指揮部的江西大旅社，現為八一南昌起義紀念館；圖片來源：《維基百科》

中國人民解放軍在渡江戰役中占領南京總統府；圖片來源：《維基百科》

---

[67] 國民政府大量發行法定貨幣，使中國陷入惡性通貨膨脹，法幣的發行量自 1945 年的 5,569 億元增長到 1946 年的 8.2 萬多億元，到 1948 年時已激增至 660 萬億元。1947 年發行的鈔票最高面額為 5 萬元，到隔年中已到了 1 億 8 千萬；1948 年 8 月，國民政府實施貨幣政策改革，用新發行的金圓券取代原有流通的法幣，結果十個月內，金圓券的發行額就增至 1 千萬，貶值超過二萬倍，使大陸民眾經濟損失極巨，新疆省銀行甚至發行了面額為 60 億圓的紙幣；1949 年 7 月，中華民國政府發行銀圓券取代價值已近廢紙的金圓券，卻因政局形勢漸變，銀圓券隨著局勢，價值亦大幅貶值，最後被中國共產黨發行的人民幣所取代；同時期，中華民國政府在臺灣發行的〝舊臺幣〞也大幅貶值，造成惡性通貨膨脹，迫使政府在 1949 年 6 月發行〝新臺幣〞來取代原有的舊臺幣，兌換比率為 1 比 4 萬。

[68] 西昌戰役，是中國人民解放軍和中華民國國軍在第二次國共內戰期間進行的最後一場大規模戰役，自 1950 年 3 月 12 日起至 4 月 7 日，歷時 25 天進行 14 次戰鬥。最終解放軍相繼佔領 19 座縣城，佔領西康省（除昌都外）。

府基本喪失對中國傳統區域的統治，僅統治臺灣、澎湖、金門、馬祖等地區，維持現在兩岸分治的局面。

現行中華民國行政區劃地圖，共有 6 個直轄市、13 個縣和 3 個市。
圖片來源：《維基百科》

民國時期是中國歷史上的一個亂世時代，有如春秋戰國。嚴格說，從辛亥革命開始到二次革命、護法運動、國民革命軍北伐、中原大戰、抗日戰爭、兩次國共內戰，在 38 年中並沒有真正的和平歲月。從軍閥割據、內外戰爭和自然災害，導致人口大量傷亡與經濟的損失，加上政府貪污腐敗嚴重，致使民不聊生。後又蘇聯干涉使外蒙古獨立、英國干涉使西藏不受中央政府管轄，在面對日本入侵，國民政府初期敗退，失去近半領土的控制權。但國民政府最終與盟軍一同戰勝日本，消滅日本建立的各個傀儡政權，取回南海諸島的控制權，以及接管清代割讓予日本的臺灣與澎湖群島。中華民國於第二次世界大戰後，參與創建聯合國，並成為安全理事會 5 個常任理事國之一，奠定戰後中國國際地位的基礎。

總的來說，民國之所以成立，來自於前朝清代的腐敗，卻幾乎沒有興盛的時期。之所以衰敗，乃因在 38 年間，大都是野煙四起、戰亂不斷、惡性通貨膨脹，加上政府貪污腐敗，致民不聊生，尤其是外患列強侵蝕所致。

　　綜上所說，周朝之所以鼎盛，主要在於禮樂治國；之所以滅亡，主要在於禮樂崩壞所致。秦朝之所以鼎盛，主要在於以法家思想為核心的商鞅變法，以及秦始皇勵精圖治並加以革新，進而統一六國，成為中國第一個中央集權的帝國；之所以滅亡，主要在於宦官干政及民怨所致。漢朝之所以興盛，主要在於主政者賢明，勵精圖治並加以革新，以儒治國，讓人民生活富足安逸，尤其對外主要以武力征服，以鎮攝外患及和親政策並用；之所以衰敗，主要在於外戚與宦官干政，以及主政者年幼，使得政權旁落所致。晉朝之所以建國，來自於權謀；之所以衰敗，主要在於政權旁落、蕃鎮割據、外患侵略，使得百姓民不聊生所致。隋朝之所以興盛，主要在於主政者賢明，勵精圖治，並加以各方面的革新，尤其是對內的經濟發展，讓人民生活富足安逸；之所以衰敗，主要在於主政者剛愎自用、嚴苛重刑、蕃鎮割據、民不聊生，最後引發民變所致。唐朝之所以興盛，主要在於主政者賢明，勵精圖治並加以各方面的革新，尤其是對內的經濟發展，讓人民生活富足安逸，對外主要以武力征服，以鎮攝外患及和親政策並用；之所以衰敗，主要在於宦官干政、黨爭、藩鎮割據，以及政治腐敗，民不聊生，最後發生民變所致。宋朝之所以興盛，主要在於主政者賢明，重教育輕刑罰，儒學復興，社會上瀰漫著尊師重道的氛圍，尤其是經濟的發達，讓人民生活富足安逸；之所以衰敗，主要在於外患所致。元朝之所以興盛，主要在於以武力征服並擴張其疆域；之所以衰敗，主要在於皇位之爭奪，致使政治動盪不安，民不聊生，最後發生民變所致。明朝之所以興盛，主要在於主政者賢明，勵精圖治並加各方面的革新，尤其是對內的經濟發展，讓人民生活富足安定，對外主要以武力與仁德兼備，以宣揚國威致萬邦來朝；之所以衰敗，主要在於宦官干政、黨爭，以及政治腐敗、重徭役與賦稅，以至民不聊生，最後發生民變所致。清朝之所以興盛，主要在於主政者賢明、寬仁，

勵精圖治並加以各方面的革新，尤其是對內的經濟發展，讓人民生活富足安定，對外主要以武力征服，以鎮攝外患；之所以衰敗，主要在於寵臣和珅干政、黨爭、貪污、政治腐敗、加重人民負擔，以至民不聊生，最後發生民變，以及外患世界列強國家的侵蝕所致。民國之所以成立，來自於前朝清代的腐敗，卻幾乎沒有興盛的時期；之所以衰敗，乃因國內外戰亂不斷、惡性通貨膨脹、貪污腐敗，致使民不聊生，以及外患列強侵蝕所致。

由此歸納，一國之興衰，興於主政者賢明、實施儒家仁政，並有強大武力為後盾，經濟發達，人民生活富足安逸；衰於主政者剛愎自用、年幼無能、苛刻寡恩、蕃鎮割據、宦官干政、寵臣專權、黨爭、貪污、政治腐敗、民怨與民不聊生，以及外患所致。可見，一國興盛之必備條件有四：一為主政者賢明，二為以儒家思想為核心，三為強大武力為後盾，四為民生富足安逸；一國衰敗只要具備以下情況之一者，即有可能導致滅亡：一為主政者無明辨是非及自我反省的能力，二為嚴苛重刑，三為蕃鎮割據地方越權，四為宦官內眷干政及外戚寵臣專權，五為黨爭內鬥，六為貪污腐敗，七為民怨與民不聊生，八為外患所致。

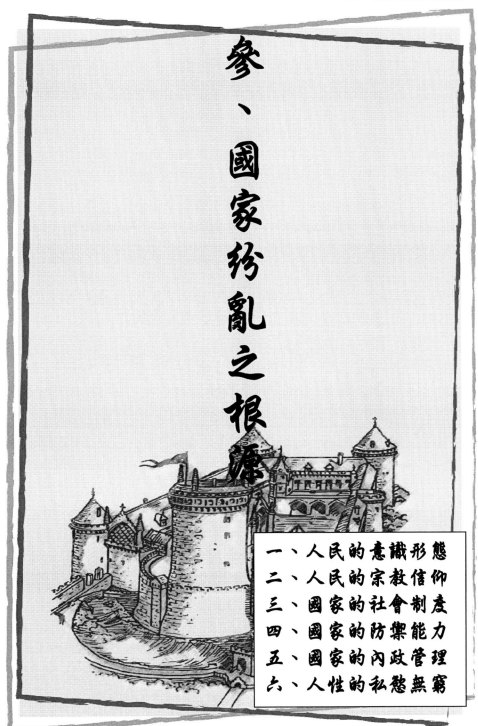

參、國家紛亂之根源

一、人民的意識形態信仰度力理窮

二、人民的宗教制能管無

三、國家的社會禦政懲

四、國家的防內私

五、國家的人性的

六、人性的

造成國家紛亂之根源雖然很多，但主要的有：人民的意識形態、人民的宗教信仰、國家的社會制度、國家的防衛能力、國家的內政管理，以及人性的私慾無窮等因素。茲說明如下：

一、人民的意識形態

什麼是意識形態（Ideology），它是指一種觀念的集合，是法國哲學家特拉西（法語：Antoine Destutt de Tracy 1754年—1836年）所創的新概念，企圖為一切觀念的產生，提供一個哲學的基礎。可以理解為對事物的理解、認知，是觀念、觀點、概念、思想、價值觀等要素的總和。意識形態不是與生俱來，是源於社會而存在。人類的意識形態受思維能力、環境、教育、價值取向等因素影響。不同的意識形態對同一種事物的理解、認知也不同。

法國哲學家特拉西
圖片來源：《維基百科》

孫中山先生認為，意識形態就是〝主義〞。他在《三民主義·民族主義第一講》中說：「……什麼是主義呢？主義就是一種思想、一種信仰，和一種力量。大凡人類對於一件事，研究當中的道理，最先發生思想；思想貫通了以後，便起信仰；有了信仰，就生出力量。所以主義是先由思想再到信仰，次由信仰生出力量，然後完全成立。」可見，人類的意識形態乃由社會長期的影響而成立，是主觀的，非理性的，並有排他性，進而有強大的意志力，甚至不顧生死，企圖完成的使命感。

意識形態雖有政治的、社會的、知識的、倫理的、價值的不

同種類。然會造成國家或社會的紛亂，大多是政治與社會的意識形態。政治的意識形態，從國體與政體言，如目前存在於世界中的君主立憲國，如英國與荷蘭等、民主共和國，如美國與法國等、君主獨裁國，如沙地阿拉伯等、獨裁共和國，如中國與北韓等四種。該等的政治意識形態，容易造成國與國之間的對立或侵略，如民主共和國的美國與獨裁共和國的蘇俄、中國；南韓與北韓；南越與北越；中華民國與中華人民共和國等，雙方皆想盡辦法屑弱對方、控制對方、防堵對方，甚至併吞對方，目前北越已統一南越，臺灣海峽的兩岸則正在進行中。而君主立憲國之英國、日本，在國力強大時則喜歡侵略他國，如大英帝國在19世紀時，殖民地多達86個國家；而日本在20世紀時，幾乎併吞整個東南亞。

大英帝國版圖七大洲、五大洋，有〝日不落國〞之稱。
圖片來源：《維基百科》

而存在於國家中的政黨政治，各黨皆為其主義而堅持努力，將黨的利益置於國家利益之上，甚至不擇手段，也要取得執政權，便可一人得道，雞犬升天，利用政府部門的人事任命，來酬

庸有功之人，以及親朋好友，從不考慮專業、能力、適不適任的問題。尤其是各黨皆不願看到競爭對手政績好，縱然做得政績卓越，也要批評，甚至抹黑對方，否則他就沒有執政的機會。如此政黨惡鬥，國家只會向下沉淪，美國如此，世界各國也大多如此，尤其是臺灣最為典型。

社會的意識形態，以種族意識形態的衝突（Ethnic Ideology Conflict）最為嚴重。造成族群衝突的原因可能是政治、社會、經濟或宗教等方面的因素，但不論原因為何，在衝突中的個體均會明確地為自己的族群而戰。如南斯拉夫內戰、北愛爾蘭問題、北高加索叛亂、納戈爾諾卡拉巴赫沖突、亞美尼亞種族滅絕、盧安達種族滅絕、2016年羅興亞人危機、蘇丹游牧民族衝突、土耳其庫爾德衝突、緬甸內戰、斯里蘭卡內戰、2020年哈薩克斯坦南部種族騷亂、馬來西亞五一三事件、1998年印尼排華黑色五月暴動等重大事件；美國之白人與黑人、中國之新疆維吾爾族與西藏藏族、臺灣之省籍情結等意識形態，皆造成社會多年的紛亂與不安。至於知識的、倫理的、價值的等意識形態，大多僅止於個人衝突爭議而已。

總的來說，造成國家紛亂根源之一的人民意識形態之衝突，該衝突大至造成社會的動盪，國與國之間的戰爭；小至個人爭議等不一而足。意識形態雖有很多不同的種類，其中以政治的、社會的兩種意識形態，危害人類的生活最大，實有待改善。

二、人民的宗教信仰

什麼是宗教信仰（Religious belief），它可以看作是人類所具有的普遍文化特徵，具有幽秘神話色彩，它是人類精神的階段性體現。宗教與信仰，是一體兩面，因宗教必須建立在人類的信仰上，否則毫無意義；而信仰必須靠宗教(主義)的指引，人類的精神才能得到慰藉，心靈才有所寄託，否則便無幸福可言。

故凡是宗教，無不信奉神的創造及神的主宰，其本質既不是思維也不是行動，而是主觀知覺和情感。它希望直觀宇宙，專心聆聽宇宙自身的顯示和活動，渴望如孩子般的被動性，被宇宙的直接影響所充實；而信仰是人類的一種本能與天賦的主觀反應，是人類對於宇宙天地命運的歷史，並整體超越性的意識，它是人類對人自身存在與客觀世界關係的某種反應，是一種形而上學的意識形態。

宗教信仰充分體現了人的主觀能動性，和精神對物質的反作用，它對人生的重大影響主要表現在：人類通過教義的學習和不斷重複的儀式行為，使宗教信仰的理念和精神也逐漸滲透到人類的價值和行為系統中，從而成為形塑信教者的心理與人格的新生力量。

基督教耶穌像
圖片來源：《維基百科》

根據統計，世界約有1萬個大小不同的宗教，大約有84%的人口信仰天主教、基督教、伊斯蘭教、印度教、佛教，以及道教等6個主要宗教。其中，基督教與伊斯蘭教、佛教並稱為世界

三大宗教。基督教形成於亞洲的西部，在21世紀主要集中分佈在歐洲、美洲和大洋洲；伊斯蘭教主要傳播於亞洲、非洲；佛教則主要分佈在亞洲的東部和東南部。宗教信仰因具有排他性，便容易因不同的宗教信仰而產生衝突。世界發生大小宗教衝突雖不勝枚舉，然主要大致有：

伊斯蘭教穆罕穆德像
圖片來源：《維基百科》

1946年直接行動日又稱1946年加爾各答大屠殺，該事件發生在1946年8月16日，為穆罕默德・阿里・真納（1876年－1948年）帶領下的全印度穆斯林聯盟所發起之騷亂，造成加爾各答印度教徒與穆斯林伊斯蘭教徒大規模的流血衝突，嚴重動亂共持續約一週，因而有〝長刀之週〞之稱。起因於穆斯林聯盟自1940年拉合爾決議以來，即要求在英屬印度以穆斯林為主的地區，建立一個獨立的國家。1946年英國內閣使團訪問英屬印度，試圖維繫印度國家的完整，但其方案未能得到國大黨與穆斯林聯盟所接受。談判破局後，8月16日穆斯林聯盟發起總罷工，稱其為〝直接行動日〞，堅持將英屬印度西北部與東部的穆斯林地區，獨立為一個國家。直接行動日造成加爾各答大規模的動亂，3天內即有超過4千人喪生，超過10萬人無家可

佛教釋迦牟尼佛像
圖片來源：《維基百科》

歸，隨後鄰近的諾阿卡利、比哈爾、北方邦、旁遮普與開伯爾普什圖均爆發宗教衝突，最終導致隔年印度和巴基斯坦獨立建國。

1946年諾阿卡利動亂，該事件發生在1946年10月至11月，是英屬印度孟加拉諾阿卡利的動亂。在1937年前英屬印度孟加拉管轄區的統治階級多為印度教徒，之後穆斯林藉選舉取得政治地位，雙方累積嚴重的政治、經濟與社會矛盾。1946年8月加爾各答爆發大屠殺，之後流傳假新聞指加爾各答的印度教徒，襲擊穆斯林作為報復。8月29日開齋節時，諾阿卡利的印度教徒與穆斯林爆發衝突，有數名印度教徒因被懷疑藏有武器而遭襲擊，穆斯林隊伍還劫掠印度教徒的住宅，並毀損其寺廟等。10月10日莎拉德·普尼瑪節當天又爆發動亂，穆斯林暴徒開始屠殺印度教徒，一週內估計有

甘地
圖片來源：《維基百科》

超過5千人喪生，數百名印度教婦女遭強姦，並有數千人被強迫改信仰伊斯蘭教，超過5萬人逃至庫米拉與阿加爾塔拉等地的救濟營避難。11月甘地(1869年－1948年) 抵達諾阿卡利，在當地停留了4個月，走訪47座村莊，試圖恢復當地秩序，緩解雙方衝突，但未能促成雙方和解。

1950年瑪麗亞·埃爾托格騷亂（Maria Hertogh Riots），該事件發生在1950年12月11日至13日的新加坡。起因於法院對瑪麗亞·埃爾托格撫養權的判決，法院判決穆斯林撫養的瑪麗亞·埃爾托格應該歸還給她天主教徒的親生父母後，穆斯林伊斯蘭教徒群體由最初的抗議演變為騷亂，造成18人死亡，173人受傷，多處房屋遭到破壞。

　　1951年反車臣人大屠殺，該事件發生在1951年4月10日至7月18日。地點為哈薩克斯坦東部之列寧諾戈爾斯克、厄斯克門、濟良諾夫斯克等三個城市的種族騷動。起因於一個聲稱車臣人，涉嫌在宗教儀式使用東正教徒血液的謠言，造成40個車臣人死亡。

　　1963年佛教徒危機，該事件發生在1963年5月到11月，越南共和國所經歷的一個政治和宗教緊張的時期，其導火線為順化佛誕槍擊案。越南人口多數是佛教徒，然而總統吳廷琰(1901年－1963年)的天主教獨裁政權卻禁止懸掛佛教旗幟，因而引發5月8日佛誕日在順化有九名平民佛教徒抗議，而被越南共和國軍槍殺。吳廷琰歧視佛教的政策，導致大規模的反政府示威活動。抗議運動引發美國政府決定不再支持吳廷琰，並推動軍方半年後的政變，也導致了吳廷琰的遇刺。

　　2002年古吉拉特屠殺，該事件發生在2002年印度西部古吉拉特邦，為期兩個月的伊斯蘭教與印度教的教派對抗暴力，死亡人數眾多。起因於2002年2月27日，一列在高德拉的火車被燒毀，造成58名從阿約提亞返回的印度教朝聖者死亡。印度教徒認為穆斯林是幕後黑手，於是對穆斯林展開了屠殺。根據官方數據，騷亂造成1千多人死亡，死者中有790人是伊斯蘭教徒，254人是印度教徒。

　　2005年長洲十字軍踩場，該事件發生在2005年5月14日的宗教衝突。起因於2005年5月14日，香港長洲太平清醮，同時也是佛誕日。在當日約有30人著印有基督純道福音教會名稱之黃色Polo衫，於〝飄色巡遊〞[1]時，持木製盾牌和長矛並高舉旗幟，呼喊〝耶穌萬歲〞、〝基督必勝〞、〝基督不怕撒旦〞等口號，效法

---

[1] 飄色巡遊，是香港長洲太平清醮會景巡遊中，一個重點表演項目，是飄色的一種。

十字軍發動聖戰，阻擋正要離開的舞獅隊伍，更企圖強闖會場與主辦單位人員推撞，最後經員警調停後，該批人士才改道而行。

2010年喬斯騷亂，該事件是一連串發生在奈及利亞中部高原州喬斯的暴力衝突，衝突雙方是伊斯蘭教徒和基督教徒。第一波暴亂始於2010年1月17日，持續至少4天。大批房屋、教堂、清真寺和車輛在暴亂中被燒，死亡人數超過200人。3月份再次爆發衝突，上百人死亡。

飄色巡遊
圖片來源：《維基百科》

2010年馬來西亞教堂襲擊，該事件發生在2010年1月，起因於法院一個有爭議的判決。該法院指任何宗教都可以使用伊斯蘭教真主的名字阿拉去描述神。馬來西亞警方展開大規模調查，已有多位肇事者伊斯蘭教徒被逮捕。

2012年若開邦暴動，該事件發生在2012年6月，緬甸若開邦的宗教種族衝突。起因於2012年5月28日，3個伊斯蘭教徒羅興亞人，搶劫與姦殺1位若開女性。6月3日一群佛教徒，以兇手在車上為由，攻擊1臺載滿羅興亞人的公車，導致10名羅興亞人死亡，隨後引發羅興亞人的報復行動，雙方開始一連串的互相攻擊。截至6月14日，據官方統計有16個伊斯蘭教徒和13個佛教徒死亡，更有超過3萬人因暴力事件而流離失所，被燒毀的房屋羅忠，興亞人有1,336間，若開佛教徒則有1,192間。

2012年拉穆暴力，該事件發生在2012年9月29日孟加拉國科克斯巴扎爾縣拉穆地區，一系列的攻擊佛教和印度教寺院的宗教暴

力活動。起因於當地佛教徒冒瀆《古蘭經》，估計有2萬多的伊斯蘭教徒參加攻擊佛教徒和印度教徒的暴力。

2013年緬甸反穆斯林暴動，該事件發生於2013年3月起，在緬甸中部及東部的許多城市，有多起大規模介於佛教徒與穆斯林伊斯蘭教徒的種族衝突。大量的伊斯蘭教清真寺，以及穆斯林聚落遭到放火攻擊，造成以羅興亞人為主的難民潮。

2018年斯里蘭卡反穆斯林暴動，該事件發生在2018年2月26日斯里蘭卡的安帕拉鎮，到3月2日蔓延至康提地區，直至2018年3月10日才結束。穆斯林伊斯蘭教徒、清真寺等，遭到僧伽羅佛教暴徒的襲擊，進而引發伊斯蘭教暴徒，對佛教徒、寺廟等進行報復。僧伽羅人、穆斯林人與警察共有2人死亡和10人受傷，並有45間房屋及商家受損。

2020年德里騷亂，該事件發生在2020年2月23日至29日，印度德里東北部之印度教暴徒襲擊穆斯林的動亂，造成53人喪生，其中約36人為被槍殺、砍殺或燒死的穆斯林伊斯蘭教徒。起因為德里東北部賈夫夫拉巴德城鎮自2019年12月開始，以穆斯林女性為主的沙欣巴格抗爭，旨在反對剛通過的2019年公民身份法修正案，阻塞了當地的主要道路，進而引發動亂，有大量穆斯林的房屋、商店與四座清真寺被破壞焚毀。

2020年瑞典騷亂，該事件發生於2020年8月29日，在瑞典城市馬爾默和龍訥比爆發的騷亂。起因為瑞典警方阻止極右翼丹麥政客拉斯穆斯·帕魯丹（Rasmus Paludan 1982年一）入境，他的支

持者300多人，舉行抗議並焚燒《古蘭經》作為回應，並燒輪胎，向警察投擲石塊和混凝土塊，並砸毀公共汽車候車亭等。該事件蔓延到龍訥比市，大約有20人參與了騷亂，終在8月31日逐漸結束。

2022年瑞典騷亂，繼2020年瑞典騷亂，該事件發生於2022年4月中旬，在瑞典各城市爆發的一連串衝突和騷亂。事緣瑞典早前批准丹麥政客拉斯穆斯・帕魯丹在該國多地舉行集會，甚至號召焚燒《古蘭經》，引起瑞典穆斯林的不滿，從而引發多宗暴力衝突。

2023年印度曼尼普爾邦騷亂，該事件發生在2023年5月3日印度東北部曼尼普爾邦的一起騷亂。由信奉印度教的梅泰族與信奉基督教的那加族和庫基族之間的民族矛盾所引發。起因為印度政府準備賦予梅泰族〝表列部落〞的地位，該少數族群的地位，能得到一定的政府職位和大學錄取名額，並有資格參加國家福利計劃、獲得特殊權利等。但這引起曼尼普爾邦其他以信奉基督教為主的那加族和庫基族不滿，於是兩族群發動示威遊行抗議，最後演變成暴力衝突，造成至少73人死亡，243人受傷，1809間房屋被燒毀和2.6萬人流離失所。

馬林諾斯基
圖片來源：《維基百科》

對於宗教存在的功能，波蘭人類學家馬林諾斯基（波蘭語：Bronislaw Kasper Malinowski；1884年—1942年）認為有四：

1、意義的功能：

所謂意義包括概念與需求，人類對於生存的價值、生命意義之困惑，意圖從信仰來獲得抒解。宗教能給予生活價值、目標與其意義，賦予受苦及死亡意義，使人類接受死亡的事實，以減少憂慮。因此，宗教可以給人類心靈的安慰，減低人類對現實的不滿。

2、歸屬的功能：

宗教有給予個人身份的功能，即是對自我的認知與價值的賦予。信奉共同宗教之信仰者，能從中獲得歸屬感，並認同他們的宗教團體，這可以讓個人瞭解他們是誰及是什麼。

3、心理的功能：

就個人層次而言，宗教能使人保持快樂的心態，減緩人類的焦慮不安，使人變得更堅強、更自信、更有活力。

4、社會的功能：

宗教的最大社會功能在於聯結一個社會，及整合社會的集體情感。宗教的本質乃是社會力量的昇華現象，整合社會，因宗教的儀式聚合了人們，產生凝聚力，讓人們有共同的目標，能夠加強社會連帶，增加其一致性，並能團結社會。

總的來說，造成國家紛亂根源之二的人民宗教信仰，該信仰存在之目的，本在安撫人心，穩定社會，並促進其團結。然卻因

一國之內有多種信仰，而信仰又具有排他性，無法接受或融合他教，故常因宗教信仰的不同而產生衝突。該衝突也是大至造成社會的動盪，國與國之間的戰爭；小至個人爭議等不一而足，也是危害人類的生活最大之一，實有待改善。

三、國家的社會制度

　　什麼是社會制度（Social Institution），它是指一種反映並維護一定社會形態，或社會結構的各種制度之總稱。社會群體為滿足基本需要，或特定目的所建立的有系統、有組織、被認可，以及持續維繫的行為模式，包括政治、法律、經濟、教育、家庭等制度。其中之政治制度(Political Institution)，乃是政治體制或政府組織的形式，又稱為政體。任何國家為表現其意志，達成其目的，並為處理國家事務，均須設置機關執行政治權力，此即各國設置政府之目的，唯由於各種因素之影響，各國政府的體制不盡相同。以現代各國的政府形態來講，基本的有〝君主政體〞、〝貴族政體〞與〝民主政體〞三種。茲根據《教育百科》的分類為：

1.君主政體：

　　該政體以維護權力為急務，國家決策及人民生活方式，皆由統治者決定。它又分為二種形式：

　　A.專制君主政體(despotic monarchy)：該政體是以專制君主為最高的主權者，行使權力不受憲法限制，其個人意志就是法律。此種政體之優點為：組織簡單，力量集中，命令貫徹，政策不易分歧；而缺點則是君主常為維護私人權利而犧牲國民福祉，毫無限制的君主權力常因濫用而傷害人民權利與自由，同時君主世襲制度往往不能產生睿智而有能力的君主，因而造成政治失敗。目前沙烏地阿拉伯、阿曼、文萊、卡塔爾、阿聯酋、斯威士蘭等國，即該種政體。

B.立憲君主政體(constitutional monarchy)：該政體的立法權由議會掌握，行政權由內閣掌握，君主徒具元首虛名。君主行使權力時須受憲法之限制，其個人意見不能成為法律，且君主頒布命令時必須由政府首長副署，以對民眾負責。目前英國、日本、比利時等國，即該種政體。

2.貴族政體：

該政體由少數人行使統治權謂之。它又分為二種形式：

A.世襲貴族政體(Hereditary aristocracy)：該政體之權力來源為血統、財富、軍權、意識形態等。當統治階層因血統繼承，而由某一特定統治階級永久掌握時稱之。早期之英格蘭、蘇格蘭、愛爾蘭等屬之；目前北韓屬之。

B.自然貴族政體(natural aristocracy)：該政體之權力經由教育制度與民主化程序，選拔少數資質優秀的人才，以擔任統治者稱之。目前中國、越南、古巴、寮國等社會主義的國家，大概都是。

3.民主政體：

該政體是以民意為基礎的政治，政府的組織職權由人民公意決定，政府處理國家事務以民意為依歸，並依法律規定行使政府職權。該政體的實施方式雖有不同，但均有以下三種特質：公意政治（以民意趨向為政府施政之依據與目標）、法治政治（國家與國民之權利義務均以法律規定為依據）、責任政治（國民須盡參政之責，政府與官員須依法為政策與施政措施負責）。它依人民參政方式又可分為二種形態：

A.直接民主制(direct democracy)：係由全體公民出席會議，以表決法案並監督政府執行法律者謂之。此制最符合主權在民的民主精神，但只適合領土小而人口少的國家。

B.間接民主制（indirect democracy）：又稱代議政體，係由人民選舉代表組織議會，以表達民意，監督政府；人民雖不能直接處理政治事務，但可以舉行全公民投票，仍是政治權力的最根本來源。間接民主雖比直接民主更具理性，但往往也難以有效節制代議者。它適合於幅員廣闊、人口眾多的國家。

一個國家採取何種政體，與社會各階層在國家政治經濟中的地位有關，同時受到社會所處的自然環境、歷史傳統，以及民族構成的制約。同為封建制的國家，其政體可能是君主制，也可能是共和制。而不同性質的國家也可能採用相同的政體，例如古希臘是共和制，現代很多資本主義國家也是共和制。而法律制度、經濟制度、教育制度、家庭制度等雖是各自獨立，然卻置於政治制度之下，不同的政治制度將會有不同的法律、經濟、教育，以及家庭等結構。

可見，政治制度是屋頂架構，不符人民所期待者，便是造成國家紛亂的根源。如北韓、中國等之極權政治制度，殺害多少反對者，尤其是中國的〝六四天安門慘

六四天安門慘案在人民英雄紀念碑前遊行的學生隊伍；由 Jiř í Tondl (Blow up) - 自己的作品, CC BY-SA 4.0, https://commons.wikimedia.org/w/index.php?c urid=68125236
圖片來源：《維基百科》

案〞[2]。根據2014年美國白宮解密文件顯示，約有10,454人死亡與40,000人受傷。

總的來說，造成國家紛亂根源之三的國家社會制度，該制度存在之目的，本在滿足人類群體生活之所需，並規範其行為模式，以穩定社會，進而讓人民感到幸福。然如不符人民所

六四天安門慘案美國大使館前拍攝到的解放軍坦克；圖片來源：《維基百科》

期待，衝突、抗爭、示威等活動便會四起，尤其是民主國家最習以為常，也最為激烈。該活動輕者社會動盪，重者政權不保，帝制國家甚至滅亡，不得不慎，實有待改善。

---

[2] 〝六四天安門事件〞發生於 1989 年 6 月 3 日晚間至 6 月 4 日凌晨，源於 1989 年 4 月中旬以悼念胡耀邦活動為導火線，由中國高校學生在北京市天安門廣場發起，持續近兩個月的全境示威運動，最終以中國人民解放軍、武裝警察部隊和人民警察在北京天安門廣場對示威集會進行的武力清場行動。

四、國家的防禦能力

什麼是防禦能力（Defense Ability），它是指用以防禦各類攻擊與傷害的能力，可以是主動，也可以是被動。主動型防禦能力，一般通過展開能量防護罩，或使用堅硬部位防禦發動；被動型防禦能力，表現為對特定能力及特定物質的抗性。

諸葛亮；圖片來源：
《維基百科》

一個國家的防禦能力，係建立在〝武力〞、〝財力〞，以及〝團結〞這三大基石上。強大的武力可以平定內亂及防止外國侵略，豐厚的財力可以應付任何災害，國人的團結可以面對任何挑戰。其中，又以強大的武力最為重要。因國與國之間只有強弱之分，沒有天理正義可言，誠如蜀漢・諸葛亮（181年－234年）所說：「弱國無外交」[3]。意即弱小的國家沒有資格和本錢談外交，尤其在戰爭時期就絕對沒有平等的外交，完全是弱肉強食的叢林法則（The Law of the Jungle），體現得淋漓盡致。

蔣廷黻（1895年－1965年）他的英語講得非常好，在當外交部長時，發言理直氣壯，但是沒有人聽。日本外交部長的

蔣廷黻；圖片來源：
《維基百科》

---

[3] 弱國無外交，出自劉備白帝城臨終托孤：「子可輔，則輔之，如其不才，可自為成都之主。」劉備明知其子劉禪是個昏庸渾惡之徒，假惺惺的先提出來，賺得諸葛亮盡忠；結果，諸葛亮聽後，寒流遍體，手足失措，泣拜於地，曰：「臣敢不竭股肱之力，盡忠貞之節，繼之以死呼，弱國無外交也。」

英語很爛，且言辭粗魯，但大家十分關注。美國總統羅斯福（Franklin Delano Roosevelt，1882年－1945年）雖很欣賞蔣廷黻，卻對他說：「你的英語講得非常好，發言得很有道理，但是你的國家太貧弱了！」

羅斯福：圖片來源：《維基百科》

1985年，美國與日本等國所簽訂的《廣場協議》（Announcement of The Ministers of Finance and Central Bank Governors of France, Germany, Japan, The United Kingdom, and The United States，簡稱Plaza Accord）[4]，日本等國尤其是日本造成了那麼嚴重的後果，也只能默默忍著。因美國有世界第一的強大武力，以及經濟體，日本需要美國的保護與支持，無從對抗。

描繪羅斯福運用門羅主義將歐洲列強排除在多明尼加之外的政治漫畫
圖片來源：《維基百科》

---

[4] 《廣場協議》是美國、日本、英國、法國，以及德國等 5 個工業已開發國家的財政部長和央行行長，於美國紐約的廣場飯店會晤後，在 1985 年 9 月 22 日簽署的協議，目的在聯合干預外匯市場，使美元對日圓等主要貨幣有秩序性地貶值，以解決美國巨額貿易赤字問題；其原因是美元在 1980 年至 1985 年曾升值約 50%，影響美國出口而導至貿易逆差嚴重及貿易衝突；該協議簽訂後，上述五國開始聯合干預外匯市場，並大量拋售美元，繼而形成市場投資者的拋售狂潮，導致美元持續大幅度貶值，日元由 1985 年 2 月的 1 美元兌 260.7 日元，至 1988 年 11 月的美元兌 121 日元，升了 116%。

美國自1783年建國240年間以來，計46任總統，僅9任沒有干涉或入侵他國的戰爭。其中，泰勒（Zachary Taylor，1784年～1850年）僅在位16個月，與加菲爾（James Abram Garfield，1831年～1881年）僅在位6個月，兩位總統在位不久即過世；而老羅斯福總統在任期間，表面雖沒有戰爭，卻是門羅主義的執行者。他提出的〝巨棒外交〞（Big Stick Diplomacy）政策：「溫言在口，大棒在手，故而致遠（Speak softly and carry a big stick, you will go far）。」成為千秋萬載的名言。巨棒外交源自於1823年以來，美國基於外交方針的門羅主義，積極介入西半球的事務。老羅斯福總統主張美國必須自行維持西半球的秩序，如果出現行為不軌的國家，美國有權進行軍事干預。美國據此方針，以海軍為後盾，進行積極的外交政策，加深在國際上的影響力。

根據《維基百科》的資料顯示：「在1946年至2000年期間，美國對外國選舉進行了至少81次公開和秘密的干預。也在冷戰期間嘗試進行了64次秘密的和6次公開的政權更迭。」大陸中央電視網（CCTV），也以〈環球深觀察--美國製造的〝戰爭黑洞〞吞噬了多少無辜的生命〉為題說：「中國人權研究會4月9日發表題為《美國對外侵略戰爭造成嚴重人道主義災難》的文章顯示，據不完全統計，從二戰結束到2001年，在世界上153個地區發生的248次武裝衝突當中，美國發起的有201場。這些戰爭不僅奪去了大量軍人的生命，更造成了極為嚴重的平民傷亡和財產損失，導致驚人的人道主義災難。」、「美國前總統吉米·卡特在2019年的一次演講中說，美國在建國後的240多年歷史中僅有16年沒有打仗，堪稱〝世界歷史上最好戰的國家〞。」[5]

---

[5] 見《中央電視網（CCTV）》，
http://m.news.cctv.com/2021/04/10/ARTIGdsWRZvYMNVCUWGgwSsT210410.shtml，2022.05.01 上網。

由美國歷任總統主要的戰爭統計表[6]中可知，該等戰爭皆非因正義而戰，雖頂著〝溫言在口〞的正義之師，然卻為美國本身的利益而戰，誠如美國總統川普（Donald John Trump；1946年一）所說：「美國優先」，意即一切以美國利益為第一；美國總統艾森豪（Dwight David Eisenhower，1890年—1969年）所倡導的《多米諾骨牌理論》（domino theory）：「假如中南半島落入共產黨的控制，其他東南亞國家都會出現多米諾骨牌效應，逐漸被共產黨赤化。」這會嚴重影響到美國的利益。

川普
圖片來源：《維基百科》

因此，該理論也成為日後美國總統強烈介入他國的源由，尤其是英國政治哲學家霍布斯（Thomas Hobbes，1588年～1679年）的戰爭論觀點：「國家為本國的利益，很難在國家間建立一種有秩序的、公正的、追求共同利益的國際格局。國家是人創造的，它就具有人的特徵，人與人之間有能力強弱之分，國與國之間也有力量大小之分。由於國家力量大小的不同，國家要生存就必需強盛，但不是所有的國家都強盛，所以就需要一個超級強國，一個在力量上和道

艾森豪
圖片來源：《維基百科》

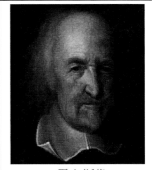
霍布斯像
圖片來源：《維基百科》

---

[6] 見蔡輝振《國際驅戰》，(臺中：天空數位圖書，2022 年)，P.250。

義上都很強的國家來維持國際秩序。」這也就是新現實主義所強調的《霸權穩定論》[7]（The Theory of Hegemonic Stability）。他們認為：「霸權帶來世界政治經濟的穩定，霸權喪失或輪替將導致世界政經的不穩定。」

　　由此，該理論更是現今美國對外政策的重要理論指導。美國雖能把上述人類之私慾，發揮的淋漓盡致，然它是建立在強大的國防武力之上，實行霸權主義，非用小道陰謀，而是頂著正義之師，光明正大的侵入，是全世界唯一敢漠視《聯合國憲章》，不理會聯合國安理會上的決議，公然違反《國際法》或組織[8]的國家，幾乎是〝只要我高興沒有什麼不可以〞的地步。美國自從建國以來，共發生至少48場重要戰爭或衝突，而這些戰爭除第一次、第二次世界大戰，以及中日戰爭外，其餘幾乎都是美國所主導，其傷亡人數近千萬人。

---

[7].見《中央網路報・沒有霸權的朝鮮半島危機》，
https://tw.news.yahoo.com/%E6%9C%AC%E5%A0%B1%E7%89%B9%E7%A8%BF-
%E6%B2%92%E6%9C%89%E9%9C%B8%E6%AC%8A%E7%9A%84%E6%9C
%9D%E9%AE%AE%E5%8D%8A%E5%B3%B6%E5%8D%B1%E6%A9%9F-
014808719.html，2022.05.01 上網。

[8] 單就川普總統上臺後，退出或否認前任政府認可的部分國際和地區組織有：
1.2017 年 1 月 23 日退出跨太平洋戰略經濟伙伴關係協議（TPP）；
2.2017 年 6 月 1 日退出《聯合國巴黎氣候協定》；
3.2017 年 10 月 12 日宣佈退出聯合國教科文組織（決定將於 2018 年 12 月 31 日生效）；這是美國第二次退出，上次是 1984 年。
4.2018 年 5 月 8 日退出獲得聯合國批准的伊朗與伊核問題六國（美國、英國、法國、俄羅斯、中國和德國）2015 年達成的伊核問題全面協議；
5.2018 年 6 月 20 日，退出聯合國人權理事會；
6.2018 年 10 月 17 日，宣佈啟動退出萬國郵政聯盟。

　　雖然，袁源說：「美國自1776年7月4日宣佈獨立以來，在240年的歷史中，沒有戰爭的時間僅有21年，即在美國223年的歷史中，美國一直在世界某個國家或地區與其他國家軍隊處於交戰狀態。據不完全統計，從二戰結束到2001年，全世界有153個地區發生了248次武裝衝突。其中，美國以執行聯合國決議、實施人道主義援助、維護世界和平、保護美國公民生命財產安全等為由，發起了其中的201場，占到81％，導致3億人死亡。」[9]但這個數字，缺乏確切的證據。然不管死了多少人，從生命立場看，都覺得這些人毫無辜！由此可見，一個國家的國防武力之重要性。

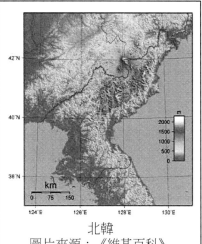

北韓
圖片來源：《維基百科》

　　宋朝為何會喪國？明朝為何會滅亡？因為國家缺乏防衛能力，被外族入侵所致。一個小小的北韓國家，為何敢與世界第一強的美國對抗？儘管美國聯合世界各國對其實施經濟制裁，然北韓依舊我行我素，美國也不敢用武力對它動根寒毛，因為北韓有強大的國防武力，尤其是核武導彈，以及國人的團結。

以色列
圖片來源：《維基百科》

---

[9] 見袁源：《炎黃春秋・〝二戰〞後美國發動的 13 場海外戰爭》，http://www.yhcqw.com/14/12773.html，2022.05.01 上網。

　　以色列國（Israel），人口不到1千萬，面積也僅約2.5萬平方公里而已。然GDP（國際匯率），以2022年估計，卻高達5,270億美元，全球排名第28名，人均為55,359美元全球排名第14名。以色列雖經常與巴勒斯坦、埃及、伊拉克、約旦、敘利亞，以及黎巴嫩等鄰近國家發生衝突，然自1947年建國以來，依舊屹立不倒，憑什麼？主要是有強大的國防武力(包含核武導彈)、豐厚的財力，以及國人的團結。

　　總的來說，造成國家紛亂根源之四的國家防禦能力，是國家存續的保障，沒有強大的國防武力，生死便操之他手，如同羔羊任人宰割，如同清末年間，內憂外患社會動盪不安。臺灣之於大陸、日本之於中國，以及南韓之於北韓等的威脅，不得不依靠美國的保護，並任其予取予求，還真是可悲！實有待改善。

五、國家的內政管理

什麼是內政（Internal Affairs），它有兩個含意，一為從一個國家的組織架構上說，內政只是國務院/行政院下的一個單位，如中華民國行政院轄下的內政部，與國防、財政、教育、法務、經濟、交通、勞動、衛生福利、文化、農業等部平等；二為從一個國家的整體上說，只分為內政與外政。內政包含所有對內的政務，如財政、教育、法務、經濟、交通、勞動、衛生福利、文化、農業等工作；而外政包含所有對外的政務，如外交、外貿、留學、旅遊等涉外工作。本單元所指為從一個國家的整體上說。

一個國家的內政管理，雖有財政、教育、法務、經濟、交通、勞動、衛生福利、文化、農業等工作，其中又以經濟發展最為重要。因從前述〈國家興衰之回顧〉上來看，一個國家的滅亡，大多是因人民生活貧困所致，才會產生民變，進而滅亡。而其它之教育、法務等，雖也重要，但較不會造成滅國。誠如《東周列國志・第八一回》曰：「國以民為本，民以食為天。」天下百姓向來把食物當成至高無上的〝天〞一樣的尊敬，在人類的歷史中，它有著載舟覆舟的重要作用。食物是人類賴以生存與繁衍的必備物質，也是政治穩定和社會發展的根本！

管仲（約前725年－前645年）在《管子・牧民》上說：「倉廩實而知禮節，衣食足而知榮辱。」意即百姓的糧倉充足，豐衣足食，才能顧及禮儀，重視榮譽和恥辱。人只有富足，才可能提

管仲
圖片來源：《維基百科》

高自己的追求；如果連溫飽問題也解決不了，縱有高尚的道德觀念也堅持不了多久。美國心理學家馬斯洛（Abraham Harold Maslow，1908年－1970年）的需求層次理論，將人的需求劃分為五個層次，這五種需要像階梯一樣，從低到高，低一層次的需要獲得滿足後，就會向高一層次的需要發展，只有在較低層次的需求得到滿足之後，較高層次的需求才會有足夠的活力驅動行為。管仲擔任齊國宰相後，便抓住了治國的根本，與百姓同好惡，流通貨物，積累資財，使得齊國很快走上國富兵強的道路。當人民生活富裕，府庫財富充盈，禮儀就能得到發揚，政令也才能暢通無阻，終讓齊桓公（？年－前643年）成為春秋第一霸主。

馬斯洛
圖片來源：《維基百科》

圖片來源：《維基百科》

而《諺語》上也說：「飢寒起盜心。」指人在窮困飢寒時，自然會產生偷盜的念頭。明·沈採《千金記·二三出》：「兵甲經年多征戰，田野都荒遍，那堪離亂年，子哭兒啼怎生消遣，挨不過這飢寒，無端歹意在心中轉。」中國歷史上那些農民起義，如陳勝（？年－前208年）、吳廣（？年－前208年）、黃巢（835年－884年）、李自成（1606年－1645年）等的起義，皆在民不聊生下，才不得不揭竿而起，這就是飢寒起盜心的典型例子，從上述之〈國家興

衰之回顧〉單元，也可以得到印證。這說明任何人若在生活貧困而潦倒下，要變成惡人是輕而易舉的事。

　　蘇聯解體的原因固然很多，但據學者的研究指出，該國的經濟改革失敗，只好犧牲下層人民的利益，來解決上層權貴的問題，嚴重的通貨膨脹，加上國防經費太過龐大，甚至超過美國，其國民生產總值卻只有美國的一半多，致使國民經濟發展不堪負荷，人民的生活水準明顯下滑，尤其是農民生產糧食不如進口糧食便宜，導致連吃飯都成了問題，這是蘇聯解體的重要因素。所以，國家的一切措施，皆要建立在滿足人民生活需求的基礎上，才會有發展的可能。

　　總的來說，造成國家紛亂根源之五的國家內政管理，使其人民生活富足或貧困，是一個國家的興衰、甚至更替的重要因素。國家存在之目的，雖大致有維護國家安全免於外力侵略、維持社會秩序保障人民權利、落實社會正義增進公共利益，以及維護文化保障國民之生存等項，而其中最重的就是保障國民之生存。一個國家的組成，有人民、領土、政府、主權四項，只要有人民，就可以找到領土，有了領土自然可以組成政府，有了政府即可獲得主權。如果沒有人民，就什麼也沒有，不得不慎，實有待改善。

六、人性的私慾無窮

　　人類之自然屬性，即動物性的求生本能，乃因長期生存需求而形成的私慾，也就是說私慾的原始動力來自於生存需求。然又因求生過程中，食物獲得不易，甚至長期飢寒，故當獲得食物時，就不只是溫飽而已，還會希望越多越好，才會感到安心，如果沒有適當的制約力量，如道德教育、律法約束等，便產生〝慾望無窮〞的現象，最終想要蛇吞象，自然爭奪不斷。故凡是有人的地方，就會有爭奪的現象，小至個人、族群的爭奪，大至國與國之間的戰爭，無從避免。一部人類的奮鬥史，其實就是一部人類的爭奪史。

　　〝私慾〞就是人的一種自我滿足。荀子說：「人生而有欲」；孟子也說：「人本有欲」。德國哲學家恩格斯（德語：Friedrich Engels；1820年—1895年）更說：「卑劣的貪慾，是文明時代從它存在的第一日起至今日的動力：財富，財富，第三還是財富，不是社會的財富，而是這個微不足道的單個的個人財富。這是文明時代唯一的，具有決定意義的目的。」這也就是說，私慾是每個人與生俱

恩格斯
圖片來源：《維基百科》

來，不管是哪種人、什麼職業、是男是女、是老人還是小孩、窮人或是富人，皆是如此。窮人的私慾是由其生存的本能來決定，而富人的私慾則由其更高的貪慾來追求。隨著社會的發展，尤其是私有經濟的產生，導致私慾逐步走向自私化，最終氾濫成災，造成慾望無窮的現象。

　　私慾貪念存在於各階層，個人有個人的私慾，團體有團體的私慾，群族有群族的私慾，政黨有政黨的私慾，國家有國家的私慾。一個人的慾望貪念，所帶來的不只是個人的禍端，該禍端會隨著個人的角色，而有大小之分。根據中時新聞網的報導：「7旬婦攜300萬現金，卻起貪念偷300元食品，並非沒錢結帳，只因一時的貪念，導致警方以竊盜罪嫌送辦。」此影響僅止於個人；而臺灣政客為選票的私利，不惜挑起省籍情結[10]，造成社會的分裂。根據《國家研究基金會·國政評論》，黃朝盟於2007年3月16日發表〈族群對立惡化，影響國家競爭力〉一文說：「228事件屆滿60周年，民調卻顯示族群對立問題益發嚴重。」根據《蘋果日報》民調也顯示，有73.8%的受訪者認為臺灣的種族對立全是因為政客選舉操作造成，此影響是整個社會；周幽王（約前796年—前771年）為取悅褒姒（？年—約前771年）一笑的私慾，不惜發動〝烽火戲諸侯〞，最終釀成周朝的滅亡。

褒姒
圖片來源：《維基百科》

烽火戲諸侯
圖片來源：《維基百科》

---

[10] 臺灣的省籍情結，來自於〝二二八事件〞，該事件導致本省族群與外省族群的對立。

唐玄宗（685年—762年）貪圖楊貴妃（719年—756年）的美色，致使爆發了禍國殃民的〝安史之亂〞，差一點喪國，此等影響是整個國家；美國為保有世界霸權地位的私利，不惜舉全國之力，防堵中國的發展，並發動境外的〝烏俄〞戰爭，以削弱俄羅斯的國力，此影響是人類的生命，世界的命運。

唐玄宗
圖片來源：《維基百科》

總的來說，造成國家紛亂根源之六的人性私慾無窮，是破壞人際的關係、社會的和諧，以及世界和平等的最大因素，實有待改善。

綜上所論，造成國家紛亂根源之一的人民意識形態之衝突，在於多元意識形態所致；而造成國家紛亂根源之二的人民宗教信仰之衝突，也是因多元宗教信仰所致；造成國家紛亂根源之三的國家社會制度之動盪，則因不符人民期待所致；造成國家紛亂根源之四的國家防禦能力之薄弱，自然無能力平定內亂，也無能力抵禦外侮；而造成國家紛亂根源之五的國家內政管理之無能，主要在於人民生活貧困，是造成一個國家或政權的衰落、甚至更替的重要因素；造成國家紛亂根源之六的人性私慾無窮，則是破壞人際關係、社會和諧，以及世界和平等的最大因素，該等紛亂根源實有待改善。

「楊貴妃圖」高久靄厓畫，靜嘉堂文庫美術館收藏。
圖片來源：《維基百科》

肆、國家紛亂之解決

一、人民的意識形態信仰度力理窮
二、人民的宗教信制能管無
三、國家的社會禦政懲
四、國家的防內私
五、國家的
六、人性的

解決問題的方法，筆者發明了〝切西瓜理論〞，意即當一個大問題無法解決時，便把它切成兩半，就成了較容易解決的兩個中問題；如果兩個中問題還是無法解決時，便把它再切成四半，就成了容易解決的四個小問題；如果四個小問題還是無法解決時，便把它再切成八半，就成了更容易解決的八個細問題；如果問題還是無法解決時，便以此類推，直到問題解決。

國家紛亂之根源，主要有：人民的意識形態、人民的宗教信仰、國家的社會制度、國家的防禦能力、國家的內政管理，以及人性的私慾無窮等六項。解決之道，在於針對該六項之問題點，逐一下藥，便能藥到病除。茲說明如下：

一、人民的意識形態

如前所述，人民的意識形態乃由社會長期的影響而形成，非與生俱來，它是主觀的，非理性的，並有排他性，進而有強大的意志力，甚至不顧生死企圖完成的使命感。意識形態雖有政治的、社會的、知識的、倫理的、價值的等不同種類。然會造成國家或社會的紛亂，大多是政治與社會的意識形態。政治意識形態的問題，大多在國體或政體上；而社會意識形態的問題，主要在群族及政黨上。

人民的意識形態之所以具有排他性，乃因有相對的兩個以上，才

緬懷黃埔建軍
圖片來源：國防部史政編譯處

會產生排斥，單一的意識形態便無從對立。昔日孫中山先生創立黃埔軍校，培養軍事將才，本是為了剷除軍閥割據，統一中國。不料，該校學生卻因信仰不同，效忠對象也不同，有的信仰三民主義而效忠該校校長蔣介石；有的信仰共產主義而效忠該校政治部主任周恩來（1898年－1976年）。而後，蔣介石帶領由黃埔軍校師生為骨幹的國民革命軍誓師北伐，終於解除軍閥割據的局面，而統一了中國。誰知！隨即發生國共第一次爭戰，黃埔軍校師生便分成國民黨與共產黨兩個陣營，互相殘殺，以至到國共第二次爭戰、金門衛戰等，許許多多的戰役，死傷無數。

周恩來
圖片來源：《維基百科》

黃埔軍校師生皆為知識分子，他們為了信仰，為了理想，甘願捨身取義，這是他們的選擇，無可厚非。他們的思想固然偉大，但對社會低階的廣大民眾，還真是無辜！一介平民，沒受過什麼教育，也不懂主義信仰、理想的大道理，他們只不過想三餐溫飽，安穩過日子而已。然這麼卑微的願望，卻被這些偉大的理想主義者，帶領著走向死亡，為何而死？都不知道！沒有人問過他們的意願，也不是他們的選擇，他們根本沒有權利選擇，叫他們往東，他們不敢往西，廣大民眾的生命就這樣操控在少數人的手中，這是何等無奈與悲哀！

可見，不管是政治的意識形態，或是社會的意識形態等問題，只要是單一的意識形態，便能解決問題。然由於每個人的出生背景、教育環境、人生際遇、價值觀等不盡相同，立身處世自

有不同，難於取得共識。更何況，人民信仰等之意識形態的自由，乃憲法所保障的基本權利，不宜禁止。所以，要解決人民意識形態的問題，其方法有二：

1.人生以幸福為目的，不管是追求生活的安逸，或是追求生命的意義者，皆能讓人感到幸福滿足。國家存在之目的，便在確保並落實人民幸福。國家的安全、社會的和諧，以及滿足人民的需求是幸福的前提，否則人民就沒有幸福可言。因此，凡是會影響或破壞國家安全、社會和諧，以及滿足人民需求的因素，都必須避免發生，而不是發生後傷害已造成，再來處理。故一個國家應只有一種意識形態，提供給全國人民來信仰。該信仰，必須以人民為主，服務並保障人民，進而達到全民幸福的生活。

2.人民的意識形態，既由社會長期的影響而形成，非與生俱來，便可透過教育環境，從小置身於單一的意識形態中成長，進而提升個人的民主素養，客觀、理性、識大體、有遠見等，從而站在屋頂架構上看待人生，既以幸福為目的，有些事是不得不為，縱然個人深具國際觀，甚至受到西方文化的影響，也能體諒，甚至贊成如此的作法。縱不贊成，也會只有少數的意識形態，對整體而言，影響不大。

什麼是〝教育〞（education），係指人類改造經驗的過程，使人更能適應社會。在這個過程中，一方面個人受社會的影響而成長或發展，一方面個人又力圖貢獻於社會，使社會日漸進步。美國教育家杜威（John Dewey，1859年—1952年）說：「教育即生活、教育即成長、教育即經驗的改造。」人類自呱呱

杜威
圖片來源：《維基百科》

墜地，即在環境中生活發展，隨時隨地接受環境之教育，故筆者認為環境即是教育（environment is education）。教育是一種工具，人類藉此謀個人或團體的生活和發展，以及社會文化的傳遞和發揚，人類生活之所以能逐步改善，文化之所以能日漸進步，教育實為主要之力量。人類若沒有教育或許現在還停留於原始的生活狀態。誠如王充（約27年—97年）說：「蓬生麻間，不扶自直；白紗入緇，不練自黑。彼蓬之性不直，紗之質不黑，麻扶緇染，使之直黑。」由之，只要透過教育環境，讓從小就置身於單一的意識形態成長，必能如蓬生麻間不扶自直的達成意識形態共識之目的。

總的來說，要解決國家紛亂根源之一的人民意識形態問題，在於一個國家應只有一個意識形態，提供給全國人民來信仰。該信仰，必須以人民為主，服務並保障人民，進而達到全民幸福的生活，以及透過教育環境為手段，從小就置身於單一的意識形態成長，進而提升個人的民主素養，客觀、理性、識大體、有遠見等，從而站在屋頂架構上看待人生，既以幸福為目的，有些事是不得不為，縱然個人深具國際觀，甚至受到西方文化的影響，也能體諒，甚至贊成如此的作法。其如何實施，見下回分曉。

二、人民的宗教信仰

如前所述，宗教與信仰，是一體兩面，因宗教必須建立在人類的信仰上，否則毫無意義；而信仰必須靠宗教(主義)的指引，人類的精神才能得到慰藉，否則便無幸福可言。然宗教信仰具有排他性，容易因不同的宗教信仰產生衝突。世界一再發生大小宗教衝突，實不勝枚舉。

世界上大小宗教之多，種類之雜，實難以統計，而信仰的人口，據《世界年鑑》資料顯示，全球近五十七億人口中，信仰者約四十五億之多，占總人數的80%左右。然這些宗教對於生命起源的主張，總的來說並無太大差異，以基督教（Christianity）的〝上帝創生說〞(God Creationism)最具代表性，其它宗教如有不同，充其量也僅止於形式或名稱上而已。如基督教謂宇宙主宰者為〝耶和華上帝〞(Jehovah or Yahweh God)，伊斯蘭教(Islamism)謂之〝阿拉真主〞(Allah God)，道教(Taoism, Religious)謂之〝三清尊神〞，而一貫道（Yiguandao）謂之〝明明上帝〞等，它們雖名稱不同，所表達的教義、修行方式也有所差異，但所指向者是一樣的具有意志力之〝宇宙主宰〞。大概惟有佛教(Buddhism)的主張與基督教的主張較為不同，前者具哲理性，後者具神話性。

再者，世界宗教雖多，然能超越人種、語言、國家、民族，以及地域界限者，而具有世界性質的宗教，也僅有：印度教(Hinduism)、佛教、猶太教(Judaism)、基督教，以及伊斯蘭教(或稱回教、或清真教)等五大教。其中，佛教由印度教發展而來，基督教則是猶太教所蛻變，伊斯蘭教生命起源的主張又與基督教頗為類似。故以下論述，將以基督教及佛教這二大世界宗教為主：

1. 基督教：

聖經上說：「起初神創造天地。地是空虛混沌，淵面黑暗，神的靈運行在水面上。神說要有光就有了光。神看光是好的就把光暗分開了。神稱光為晝，稱暗為夜，有晚上，有早晨，這是頭一日……。」

古騰堡聖經，第一本印刷的聖經。圖片來源：《維基百科》

復說：「我們要照著我們的形象，按著我們的樣式造人，使他們管理海裡的魚，空中的鳥，地上的牲畜，和全地，並地上所爬的一切昆蟲。神就照著自己的形象造人，乃是照著他的形象造男造女。」

又說：「天地萬物都造齊了。到第七日……。耶和華神用地上的塵土造人，將生氣吹在他鼻孔裏，他就成了就靈的活人，名叫亞當。」

天地萬物就這樣在祂七天之內被造成，人類的第一個生命也在祂一口真氣下產生。上帝何以要創造〝亞當〞呢？那是祂在六日內造好世界後，為讓其所造之物有人管理，於是在第七日用塵土按自己形象創造了人類始祖亞當，後見亞當一個人太寂寞，才再用亞當肋骨創造了〝夏娃〞，使他們成為夫婦，並賦予他們自由選擇的意志。人類既由上帝按自己形象所創造，而上帝代表完美無缺，人類本性自然是至善的。這原是上帝旨意，然人類始祖

卻違反上帝意思偷吃禁果，上帝為懲罰他們，於是將之趕出伊甸園，並詛咒他們終身受苦。自此人類一出生便需背負其始祖所犯的罪過，人類也因其始祖選擇了罪惡，而使其本性邪惡，這就是基督教所主張人生而有罪的〝原罪論〞。而這種原罪唯有靠上帝的〝恩典〞才能得救，任何人都是無能為力的，自己不能救自己，只要成為其信徒，照著上帝的旨意去做，死後才能回到天堂，回到祂的身邊，否則就要下地獄，接受審判受苦，生死輪迴於人間地獄。

以上便是基督教對宇宙生成、人類源由的說法。

2.佛教：

佛教中各門各派對於生命源由的主張眾多，不過較具代表性的有《唯識論》、《中論》等。他們以〝真如或曰：真心或曰：如來藏〞為宇宙本體，用三法印、四諦、十二因緣等來說明宇宙人生的輪迴問題，並認為天地萬物皆由〝因緣〞（緣起）的聚散而生而滅，所以說「眾因緣生法，我說即是無，亦為是假名，亦是中道義。」。

釋迦牟尼佛在鹿野苑的第一次說法稱為「初轉法輪」，法輪因此成為佛法的代表性幖幟，八根輪輻代表八支正道。
圖片來源：《維基百科》

茲列舉十二因緣來進一步說明：

十二因緣是以十二個因果關係之條目，成一系列解釋宇宙人生輪迴的現象，此十二條目為：

A.無明（梵avidya）：無知的狀態、無意識的本能活動。

B.行（梵samskara）：潛在的意志活動，具有創作性，就是由無明所造善惡諸業。

C.識（梵vijnana）：認識，分別作用。

D.名色（梵namarupa）：精神與物質，名稱與形態，心與身。

E.六入（梵sad ayatana）：六種認識機能，眼、耳、鼻、舌、身、意。

F.觸（梵spaysa）：是感覺作用，感官與對象的接觸。

G.受（梵vedana）：是領納，對所觸的境，生起苦樂的感受。

H.愛（梵trsna）：是貪愛，所觸的境，生起慾望，盲目的佔有慾。

I.取（梵upadana）：是執著，對一切物的追求和執持。

J.有（梵bhava）：生命的存在，自我的表現。

K.生（梵jatc）：它胎，出生。

L.老死（梵jara marana）：老去、死亡。

由第一條目〝無明〞起，宇宙本來是一個大渾沌，一團漆黑，此中沒有方向，也沒有光明。由無明到〝行〞，開始由混一

的狀態轉向分化，有些盲目的意志活動在翻滾。由行到〝識〞這些盲目的意志活動凝結成稍具固定方向的認識活動。但這只是妄情妄執的認識，只是一種虛妄的執取，執取外界種種為有其自性而已，並無所謂認識。執取的認識活動開始後，便有進一步具體化的表現，此中即分開執取的主體與被執取的客觀（此中的主客只是泛說，並無其本分的意思），或者說，有形式與物質的出現，這即是識之下的〝名色〞，這是客體方面。

另一方面，對於這客體的認識，必要藉主體的認識機能：眼、耳、鼻、舌、身、意。前五者對應於物質，後六〝意〞則對應於形式，這即是〝六入〞。必須要說的是，這六入仍不是一種具形的認識機能。而只是一種潛勢，一執取的潛勢而已，其時自我，靈魂尚未完成，何來具形的認識機能呢？六入既成，即展開對外界的搜索執取活動，由〝觸〞而〝受〞，由受而〝愛〞，由愛而〝取〞，這都是很自然的現象，自然生命的表現即是如此，接觸之便有感受，或是順的，或是逆的，順即是樂，逆即是苦，趨樂而厭苦，那也是自然的，故有愛，有憎。愛即取之，憎即捨之。故最後還歸於執取，以至執取整個自己，這便是自我的出現，靈魂的形式。或者說，這便是個體生命的形成。執取可以有表面的，亦可以有深沉的，可以是零碎的，亦可以是全面的。深沉而全面的執取，即是對自我的執取，而成個體生命，這即是〝有〞，有而〝生〞，積無量數的惡業而成的個體生命受胎而生，由生而〝老死〞，老死後精神的個體生命不隨物理的生命個體老去腐化而逍逝，本著其惡業向另一現成的生命個體受胎而生，在生死的世間輪轉。

一代高僧僧肇（384年—414年）對宇宙生成，生命源由也有較具體的說明，他說：

以知一故，即分為二。二生陰陽，陰陽為動靜也。以陽為
清，以陰為濁。故清氣內虛為心，濁氣外凝為色，即有心
色二法。心應於陽，陽應於動；色應於陰，陰應於靜。靜
乃與玄牝相通，天地交合故。所謂一切眾生，皆稟陰陽虛
氣而生，是以由一生二。二生三，三即生萬法也。既緣無
為而有心，復緣有心而有色。故經云：〝種種心色〞。是
以心生萬慮，色起萬端，和合業因，遂成三界種子。

以上便是佛教對宇宙生成、生命源由的說法。

蔡元培（1868年—1940年）先生曾
說：「哲學自疑入，而宗教自信入。哲
學上的信仰，是研究的結果，而又永留
有批評的機會；宗教上的信仰，是不許
有研究與批評的態度。」可見，宗教只
能用來信仰，不能用來研究，一研究就
支離破碎，悖離邏輯科學，容易造成各
說各話，信者恆信，不信者還是不相信
的爭議。

蔡元培
圖片來源：《維基百科》

過去，人類的知識無以解釋〝星墜
木鳴、日月有蝕〞的宇宙奧秘，遂使宗
教總是帶著神秘的面紗。然自十六世紀
自然科學的興起，加上邏輯實證論
（logical positivism）的流行，一切學
問理論講究要通過可檢證性
（verificability）的才是真的。誠如史
立克（Moritz Schlick, 1882年—1936
年）所說的：「任何一種語句，唯有可

阿姆斯壯
圖片來源：《維基百科》

被檢證者，才有意義。」故現代知識分子，講究科學依據才能信服。試想，美國太空人阿姆斯壯（Neil Armstrong,1930年－2012年）駕太空船上月球後，有誰還會相信 "嫦娥奔月" 的傳說。

　　人民的宗教信仰之所以具有排他性，乃因有相對兩個以上的關係，才會產生排斥，單一的宗教信仰便無從對立。可見，只要是單一的宗教信仰，便能解決問題。然由於每個人的出生背景、教育環境、人生際遇、價值觀等不盡相同，立身處世自有不同，難於取得共識。更何況，人民宗教信仰的自由，乃憲法所保障的基本權利，不宜禁止。所以，要解決人民宗教信仰的問題，其方法有二：

　　1.人生既以幸福為目的，不管是追求生活的安逸，或是追求生命的意義者，皆能讓人感到幸福滿足。國家存在之目的，便在確保並落實人民幸福。國家的安全、社會的和諧，以及滿足人民的需求是幸福的前提，否則人民就沒有幸福可言。因此，凡是會影響或破壞國家安全、社會和諧，以及滿足人民需求的因素，都必須避免發生，而不是發生後傷害已造成，再來處理。故一個國家應只有一種國家宗教，提供給全國人民來信仰。該宗教應以科學為依據，並可以闡釋宇宙的奧秘，使宗教不再帶著神秘的面紗，又能具備天道自然，日月星辰四時運轉的循環，並好壞都會回饋自身，不假他手，方能取得知識分子與一般民眾的信服。誠如《三世因果經》云：「欲知前世因，今生受者是；欲知來世果，今生作者是。」

　　2.人民的宗教信仰，乃由社會長期的影響而形成，非與生俱來，可以透過教育環境，從小置身於單一的宗教信仰中成長，進而提升個人的民主素養，客觀、理性、識大體、有遠見等，從而站在屋頂架構上看待人生，既以幸福為目的，有些事是不得不

為，縱然個人深具國際觀，甚至受到西方文化的影響，也能體諒，甚至贊成如此的作法。縱不贊成，也會只有少數的宗教信仰，對整體而言，影響不大。

國共兩黨自1949年起，分治臺灣海峽兩岸的臺灣與大陸，便對人民實施仇視對方的教育。國民黨以〝反攻大陸〞為訴求，從小就教育人民：「大陸很窮困，同胞們都吃樹皮，所以我們要反攻大陸，解救水深火熱的大陸同胞。」而共產黨則以〝解放臺灣〞為訴求，從小就教育著人民：「臺灣很窮困，同胞們都吃香蕉皮，所以我們要解放臺灣，解救水深火熱的臺灣同胞。」然當我們長大懂事後，發現一切都是謊言，有誰還會再相信政府的話。切記！絕對不可欺瞞人民。

總的來說，要解決國家紛亂根源之二的人民宗教信仰問題，在於一個國家應只有一種國家宗教，提供給全國人民來信仰。該宗教應以科學為依據，並可以闡釋宇宙的奧秘，使宗教不再帶著神秘的面紗，又能具備天道自然，日月星辰四時運轉的循環，並好壞都會回饋自身，不假他手，方能取得知識分子與一般民眾的信服，以及透過教育環境，從小置身於單一的宗教信仰中成長，進而提升個人的民主素養，客觀、理性、識大體、有遠見等，從而站在屋頂架構上看待人生，既以幸福為目的，有些事是不得不為，縱然個人深具國際觀，甚至受到西方文化的影響，也能體諒，甚至贊成如此的作法。其如何實施，見下回分曉。

三、國家的社會制度

如前所述，當前世界各國的社會制度雖不盡相同，如用二分法，大致可歸納成〝民主主義的社會(民主社會)〞及〝共產主義的社會(共產社會)〞兩種。前者以美國為代表；後者以中國為代表，兩者皆有其優缺點。茲說明如下：

1.民主社會：

〝民主〞一詞源於希臘字〝demos〞，意為人民。在民主體制下，人民擁有超越立法者與管理者(政府)的最高主權。它的特色在於：

A.民主是由全體公民，直接或通過他們自由選出的代表，來行使管理人民權力並保障人民權益的政府，它保護人類自由的一系列原則和行為方式，是自由的體制化表現，並以多數來決定，同時尊重個人與少數人的權益為原則。

B.民主之政府，其權力從中央到地方均有一定的授權與限制，並必須最大程度地對人民的要求做出反應，其首要職能是保護言論和宗教自由等基本人權，保護法律面前人人平等的權利，保護人們組織和充分參與社會政治、經濟和文化生活的機會。

C.民主之體制，是多元多樣的，反映著每個國家各自的政治、社會和文化生活的特點，其公民不僅享有權利，且負有參與政治體制的責任，而他們的權利和自由，也正是通過這一體制得到保護。

D.民主之經濟，為資本主義私有財產制，提供自由市場讓人們自由競爭，並憑著物競天擇，適者生存，不適者淘汰的法則運行。

E.民主社會奉行容忍、合作和妥協的價值觀念，並明白達成共識需要妥協、再妥協的民主精神。

一個不成熟的民主社會，什麼事情都有可能發生；一個成熟的民主社會，才會遵循其路徑發展，故其優點至少有四：

A.可避免政變奪權發生：

帝制國家，只有一人當皇帝，且是世襲，故人人爭做皇帝，於是戰亂不斷，朝代更迭，古之中外皆如此。因此，孫中山先生說：「共和國家成立以後，是用誰來做皇帝呢？是用人民來做皇帝，用四萬萬人來做皇帝。」這便是民主社會最大的特色，它透過選舉或表決，以少數服從多數來解決問題。它是實行民主政治的必要步驟，也是民主政治最重要的指標，它以選票替代子彈、以數人頭替代打破人頭的方式，促使政權和平轉移，具有遏阻權力僵化和腐化的功能。

B.基本人權可獲得保障：

民主社會，是以憲法保障人民的參與權、平等權、自由權、生存權、工作權，以及財產權等。其中之參與權，大致包含：選舉、罷免、創制及複決之權；而平等權係指無分男女、宗教、種族、階級、黨派等，在法律上一律平等；自由權則包含：人民身體、居住與遷徙、言論與講學、著作與出版、秘密通訊、宗教信仰，以及集會與結社之自由；生存權是指人民應當享有維持正常

生活所必須的基本條件之權利，是個人生命的延續權利，也是生命安全和基本自由不受侵犯、人格尊嚴不受凌辱、賴以生存的財產不遭掠奪等；工作權則指人民具有工作能力者，所擁有國家應予適當的工作機會，並保障就業及選擇職業自由的權利，尤其是弱勢團體藉由團結之實力，以達到與資方對等的交涉地位，以實現實質之契約自由原則，獲得合乎於人性尊嚴之對待；而財產權是私權的一種，主要是確保個人可以自由處分及使用自己的財產，非當事人不可剝奪。

C.免於恐懼的自由生活：

恐懼（Fear）是對感知或識別危險，或威脅的一種強烈不愉快的情緒。人類的恐懼，可能是對當下發生的某種刺激的反應，或者是對未來威脅的預期，這些威脅被認為是對自己的風險。

言論自由（Freedom of speech）、信仰自由（Freedom of worship）、免於匱乏的自由（Freedom from want），以及免於恐懼的自由（Freedom from fear）等四大自由（The Four Freedoms），是美國總統羅斯福（Franklin Delano Roosevelt，1882年－1945年），於1941年1月6日的《國情咨文演講》中，所提出〝世界各地（everywhere in the world）〞的人們應該享有的四項基本自由。

在基本人權之參與權、平等權、自由權、生存權、工作權，以及財產權等，都可以獲得絕對的保障後，人民才能免於恐懼的生活，也才有幸福的可能。〝幸福〞（felicity、happiness）乃是一種持續時間較長的心靈滿足，這種心靈層次的滿足，非物質財富所能給予。它必須建立在生活踏實、安定，沒有恐懼的基礎上，再加上基本生活條件無虞，才能謂之幸福。

D.憑才華創造財富：

孫中山先生認為：「人有聖、賢、才、智、平、庸、愚、劣之分，依此在立足點往上發展才華，即立足點平等，是〝真平等〞；如果將聖、賢、才、智、平、庸、愚、劣，作平頭點平等對待，這是〝假平等〞。」可見，聖、賢、才、智、平、庸、愚、劣是人之天生不平等。法國・盧梭雖說：「自然在給人分配天賦時，即使真地像人們所說，往往厚此而薄彼，但是在人與人之間幾乎不可能發生任何關係的環境中，那些得天獨厚的人們，因受到自然偏愛而獲得的好處，對於別人又有什麼損害呢？在沒有愛情的地方，美麗有什麼用呢？對於沒有語言的人，才智有什麼用呢？對於不互通交易的人，狡詐有什用呢？」但人是群居的動物，不可能遺世而獨立，人與人之間不可能不發生任何關係。

所以，人有先天性的不平等，卻要大家都一樣的平等對待，一樣的分配，一樣的待遇，縱同酬不同工，這個〝工〞是有難易之分，也是一樣的待遇，這對有才華的人自然不公平。民主社會提供一個自由競爭市場，讓有才華的人能也願意盡情揮灑，並可獲得相對酬勞，以創造自己的財富，使自己及家人生活得更好。

然而它的缺點也有五：

A.實踐理想難：

如前所述，民主社會奉行容忍、合作和妥協的價值觀念，並明白達成共識需要妥協、再妥協的民主精神。雖由多數人來決定，但也需要尊重個人與少數人的意見。因此，政黨、族群、團體，以至個人，常因各自利益而有不同的立場與意見，很難達成共識，只能透過妥協、再妥協來達成協議，以至原計畫的理想走了樣。

B.執行效率差：

民主社會以民意為基礎，而民意卻因個人或團體的利益而多樣，不滿意上街示威遊行，甚至絕食抗議，此等皆為民主社會之常態，以至工作效率極為低落，甚至不了了之，浪費公帑，在臺灣之龍門核四電廠，與國道3號福爾摩沙高速公路的興建即是明證。

臺灣之龍門核四電廠
圖片來源：《維基百科》

福爾摩沙高速公路臺南市官田區路段
圖片來源：《維基百科》

核四電廠的興建，在1980年5月提出，選定廠址在臺北縣貢寮鄉（今新北市貢寮區），總裝置容量2,700MW，1982年至1986年的總預算中，編列新臺幣110億元，並執行31億餘元。但由於貢寮居民強烈反對，以至1985年5月，時任行政院院長俞國華（1914年—2000年）指示經濟部及臺灣電力公司「加強民眾溝通，暫緩核四興建。」1986年發生在蘇俄車諾比核災(Chernobyl nuclear disaster, Chernobyl

蘇俄車諾比核災；圖片來源：《維基百科》

disaster），全球各地反核聲浪不斷，加上當時臺灣用電成長趨緩，時任總統蔣經國（1910年—1988年）指示暫緩興建，同年7月尚未執行的新臺幣79億預算也遭立法院凍結。

1992年，立法院預算委員會通過解凍核四預算案，核四開始後續規劃興建。1994年5月22日貢寮鄉自行舉行核四公投，開票結果不同意興建者占96%以上。1995年、1996年立法院分別通過核四預算新臺幣1,126億餘元。1998年5月24日立法院通過「**立刻廢止所有核能電廠之興建計畫，刻正進行之建廠工程應即停工善後，並停止動支任何相關預算且繳回國庫**」之決議。行政院隨即於6月12日提出覆議案。10月18日，在民主進步黨及新黨黨團缺席下，覆議案獲得通過並於1999年3月17日，核四廠正式動工。

蔣經國
圖片來源：《維基百科》

2000年總統選舉，由民主進步黨執政，5月20日總統陳水扁（1950年—）指示「**核四再評估**」，經濟部部長林信義（1946年—）召開《核四再評估會議》，暫緩核四工程各項採購與工程招標，行政院院長唐飛（1932年—）因主張續建核四，與總統陳水扁立場不同，2000年10月16日以健康不佳為由請辭獲准，行政院長由張俊雄（1938年—）繼任。

總統陳水扁為了尋求立法院多數泛藍政黨的支持，在10月分別會晤親

陳水扁
圖片來源：《維基百科》

民黨黨主席宋楚瑜（1942年－）、新黨全委會召集人郝龍斌（1952年－）、國民黨黨主席連戰（1936年－），然而在和連戰會談結束後半小時，行政院長張俊雄即宣佈將不繼續執行由立法院通過的核四興建預算案，此舉引起軒然大波，在野的泛藍立法委員認為陳水扁對在野黨失信，提案罷免總統，並提案通過移請監察院彈劾行政院，行政院也在後續聲請司法院大法官釋憲，期望解決核四停工的爭議。

大法官解釋文公佈後，2001年1月30日，時任立法委員鄭永金（1949年－）等91人提動議案。最終以135：70的比數表決通過決議：立法院依大法官會議所作第520號之解釋意旨，再予確認核能四廠預算具有法定預算效力。反對行政院逕予停止核能四廠興建之決定；行政院應繼續執行相關預算，立即復工續建核能四廠。同年1月30日立法院召開臨時會，聽取行政院院長張俊雄報告，31日立法院作成核四立即復工的決議，但行政院對此項立法院決議並不接受。在此僵局下，行政院面臨法定預算執行以及鉅額違約金（約數百億，不包含後續電價調漲的部份）的雙重壓力；立法院也面臨不願依釋字520號提出不信任案，使得全數委員遭改選的壓力，於是行政院與立法院多次協商，最後在2月13日由時任行政院院長張俊雄與立法院院長王金平(1941年－）簽署協議書，達成核四復工協議，立法院同時收回總統罷免案。2001年2月14日，行政院正式宣佈第四核能發電廠工程復工。

臺電在吸收部分停工的損失後，繼續進行核四電廠興建工程，然根據臺電估算損失指出，核四停建總損失金額高達新臺幣1,350億元，若再加計工程費追加848億元，合計新臺幣約2,200億元。後續又因復工需要重新招標、原物料大漲等因素下，多次追加預算及延後完工時間。

　　2011年3月11日，日本發生福島核災，許多國家開始檢視核能發電政策，臺灣社會也開始關注核四問題。同年6月13日，立法院審查100年度總預算附屬單位營業及非營業部分預算案，其中包含核四140億追加預算。在國民黨團人數優勢之下，民進黨提案全數遭到否決，通過140億追加預算。同時通過的國民黨所提的對案，要求審慎辦理包括耐震及防海嘯

日本福島第一核電廠事故
圖片來源：《維基百科》

能力在內的核能安全總體檢，核四也應經管制機關審查同意後，才能運轉發電。綠色公民行動聯盟發起一連串反核行動，製作圖片版懶人包，多團體表示臺灣沒有缺電危機，核四問題再次成為各方角力，民間反核聲浪越來越高漲。

馬英九
圖片來源：《維基百科》

　　2013年2月25日，在國民黨執政的總統馬英九（1950年—）時期，行政院長江宜樺（1960年—）宣布，核四是否續建由公民投票決定，國民黨團書記長賴士葆（1951年—）表示，核四公投要和政治脫鉤，盼8月就能進行公投，但後續在政治角力下並沒有進行。之後核四廠開始進行運轉前各項安檢工作。

　　2013年8月29日，世界核電廠協會（WANO）東京中心派遣專家小組至核四廠進行〝試運轉測試支援任務〞第一階段完成，

專家群除肯定核四廠因應日本福島核災成果外，也提醒應持續強化人員訓練。強化安檢小組自5月初起開始執行系統再檢視，至8月25日止，核四廠126個系統已執行118個系統再檢視，其中完成通過者有77個系統，需澄清改善者41個系統。安檢小組也自6月初起開始執行系統測試再驗證，測試再驗證程序書共231份，目前已審核通過134份；另已依59份程序書通過測試再驗證，其餘均依計畫陸續進行。2013年11月15日，歐盟與歐洲核能安全管制機構（ENSREG）所作的同儕審查確認，臺灣核電廠所使用的安全標準與國際最新標準相同。

2014年4月15日，民進黨前主席林義雄(1941年—)宣布將以無限期絕食的方式呼籲政府停止核四。2014年4月28日，行政院長江宜樺為了化解民眾疑慮，宣佈核四封存，在安檢完成後，不放置燃料棒、不運轉，日後啟用核

2014年臺灣政治社會運動領袖林義雄為補正《公民投票》法，「落實民主停建核四」而展開無限期禁食。
圖片來源：《維基百科》

四，必須經公投決定。經過後續的封存作業，核四廠於2015年7月1日開始進入為期3年的封存狀態。

2018年3月15日，在民進黨執政的總統蔡英文(1956年—)時期，臺電宣布將把現有的1,744束燃料棒，規劃未來3年分8批陸續運離，預計2020年底前可完成拆解。2021年3月28日，最後一批120束的核燃料棒運回美國。

蔡英文
圖片來源：《維基百科》

2021年12月18日，龍門核四電廠商轉公投，同意票數為3,804,755(19.19%)，不同意票數則高達4,262,451(21.50%)，因有效同意票未達投票權人總額四分之一以上，結果為不通過。

臺灣龍門核四電廠的興建，從1980年提出並執行，以至2021年商轉公投不通過，總共超過40年的歲月，歷經十任總統、三次政黨輪替，總花費據《遠見雜誌》推算約新臺幣3,205億元，不管男女老幼，臺灣人民平均每人要分攤1萬3千多元。這些時間與金錢就這樣虛耗掉，如果要重啟核四電廠，則需要近千億元才有可能完成，相當於建造一座新的核電廠的經費，這就是民主社會所要付出的代價。

國道三號，又稱福爾摩沙高速公路，全長431.5公里，總經費約新臺幣4,400億元，於1987年開始動工，2004年全線通車，歷經17年的歲月才完成。何以要這麼久的時間？根據前交通部國道新建工程局鄭文隆(1952年—)局長的《國道三號高速公路全線完工十周年回顧》的資料顯示：

> 民國79年交通部臺灣區國道新建工程局成立，北二高興建計畫隨即加速推動，但卻馬上面臨〝土地徵收〞的棘手問題，過去興建中山高速公路，僅依公告現值加二成即取得土地，也還有民眾願意主動無償提供，所以在土地徵收上並無很多爭議。到二高興建時，適逢民國76年以來景氣的高點，國內股票與房地產大漲，以至市價與公告現值相差許多，是以當時民眾對政府以公告現值徵收土地，產生了很大的反感，加上民國77年臺灣解嚴，各種價值觀產生劇烈的震盪、跳躍及轉變，國內政治環境逐日開放，民主意識高漲，群眾抗爭事件也伴隨而來，因此也讓用地取得的過程面臨了極大的挑戰。

北二高工程於規劃時即經過臺北市熱鬧地區，因此，對於當地住戶的拆遷是無可避免的，當時的平面媒體報導中，即清楚記錄了群眾頭綁白布條誓死抗爭的畫面，與當時工程人員因抗爭衝突頭上血跡斑斑的白紗布，形成強烈的對比。用地取得的解決，最後在當時的交通部長張建邦突破用地政策的限制之後而有所改善，土地徵收除了依公告現值加四成外，每公頃另有額外120萬元的獎勵金。此土地徵收方案推出之後，幾乎平息了九成九地主的不滿，抗爭事件亦漸漸落幕，北二高也得以順利施工。而直至今日，大部份的土地徵收仍依循此方案執行。

據此資料可知，解嚴前的政府專制，與解嚴後的政府民主，其執行效率有天壤之別。國道一號中山高速公路，全長374.3公里，興建於解嚴前，從1971年開始動工，至1978年全線通車，花了7年的時間，以及總經費新臺幣429億元(通貨膨脹不計)；國道三號福爾摩沙高速公路，全長431.5公里，為雙向六線道，興建於解嚴後，總經費卻高達新臺幣4,400億元，而花了17年的時間。

國道1號中山高速公路基隆端
圖片來源：《維基百科》

如果，我們把政府專制比喻成共產社會；把政府民主比喻成民主社會，那共產社會與民主社會的執行效率，一目了然。

C.國家意識弱：

人類的智慧、性格、相貌、體格等來自於先天性的基因遺傳，並受後天性環境的影響，意識、價值、觀念、習慣等來自於後天性的環境養成。目前論述環境對人類的影響，大致上可歸類為三派學說，一為環境決定論（environment determinism）、二為環境或然論（environment probabilism）、三為環境適應論（environment adaptationism）。環境決定論者認為一個民族的物質背景，包括自然資源、氣候、地理上之便利條件，在其文化形成中是主要的決定因素，反對用歷史和傳統、社會和經濟因素以及任何其他文化因素來解釋社會的發展，代表者有：亞里士多德（Aristoteles, 前384年—前322年）、拉采爾（Friedrich Ratzel,1844年—1904年）等人；環境或然論者認為居住地只能創造供人類選擇的可能性，代表者有：維達爾‧白蘭士（Paul Vidal de la Blache,1845年—1918年）、白呂納（Jean Brunhes,1869年—1930年）等人；而環境適應論者則認為物質環境只是總環境的一部分，而總環境包括社會和經濟因素、文化傳統以及各社會及其所處環境間的交互影響，代表者有：羅士培（P M RoXby,1880—1947）、巴羅斯（H.H. Barrows,1877年—1960年）等人。

不管是環境決定論、環境或然論，或是環境適應論者皆認為環境對人類有直接的影響，尤其是國家意識是後天環境所養成。可見，國家意識的強弱是由所處環境來決定。以下以民主社會、共產社會所處環境來分析說明：

a.民主社會：

民主社會是以個人為中心，講究民主、自由、平等的個人主義。生活在這種環境氛圍下，所養成的個人意識自然強過於國家

意識。凡事以個人利益為優先，再來才會是團體、社會、國家等
的利益。當然，也不排除少數識大體者，犧牲小我，完成大我。

b.共產社會：

共產社會是以集體為中心，講究共識、共享、團結的集體主
義。生活在這種環境氛圍下，所養成的個人意識自然弱過於國家
意識。凡事以集體利益為優先，再來才會是個人的利益。當然，
也不排除少數不識大體者的私心。

可見，國家社會制度的體制，決定環境的氛圍，養成了國家
意識的強弱。顯然的，民主社會的人民，其國家意識弱於共產社
會的人民。

D.社會貧富不均：

如前所述，人有
聖、賢、才、智、平、
庸、愚、劣之分，在一
個自由競爭市場裏，有
才華的人越能創造自己
的財富；沒才華的人，
只能求溫飽，加上家族
因素，社會關係，以至
造成貧富不均，有錢人
會更富裕，沒錢人會更
窮困。貧富差距過大，
社會就容易動盪不安，
嚴重則導致革命運動。
美國的〝佔領華爾街運

10 月 1 日在華爾街抗議的人群
圖片來源：《維基百科》

動〞[1]都再再顯示貧富差距所造成的動盪不安與社會結構問題。

根據《自由時報》2021年12月09日的財經報導：「到2021年，全球最富有的10%人口控制著全球76%的財富。中間的40%人口擁有22%財富，相比之下，最底層的50%只擁有剩下的2%財富。」可見，貧富差距已是全球的問題，尤其是已開發國家更為嚴重。

E.人民失業的壓力：

民主社會採財產私有制、就業自由制，以物競天擇、適者生存、弱肉強食的競爭為原則。在就業市場自然會產生失業問題，尤其是弱勢群族，失業的機率更高。根據美國中央情報局（CIA）出版的《世界概況》所統計的失業數據，並以代表性的主要國家之2020或2021年為例：

美國　　6.2%、薩摩亞(美國所屬)　18.0%。

英國　　7.5%、聖赫勒拿(英國所屬) 14.0%。

---

[1] 佔領華爾街（Occupy Wall Street），是一連串主要發生在紐約市的集會活動，由加拿大反消費主義組織廣告剋星發起，行動於 2011 年 9 月 17 日開始，當日近一千名示威者進入紐約金融中心華爾街示威，警方更一度圍起華爾街地標華爾街銅牛阻止示威者進入；活動的目標是要持續佔領紐約市金融中心區的華爾街，以反抗大公司的貪婪不公和社會的不平等，反對大公司影響美國政治，以及金錢和公司對民主，在全球經濟危機中對法律和政治的負面影響，尤其是在 2000 年代後期環球金融危機爆發後，導致美國等許多國家經濟萎靡不振和失業率居高不下；10 月 1 日，類似的集會運動出現在華盛頓特區、舊金山、洛杉磯、芝加哥、波士頓、波特蘭、阿布奎基、坦帕、夏洛特、西雅圖、丹佛和緬因州波特蘭；後來，該運動已發展成〝一起佔領〞(Occupy Together)，蔓延至南美洲、歐洲、亞洲、非洲、大洋洲各地，並在 10 月 15 日開始全球各大城市串連，亞洲包括鄭州、臺北、東京、首爾、香港、吉隆坡都有人加入響應。以及延續至今的土耳其、烏克蘭和泰國等反對政商合一統治的、佔領政府機構的行動。

法國	7.9%、	馬約特(法國所屬)	30.0%。
德國	4.6%	歐盟	7.3%。
日本	2.9%	臺灣	3.8%。
南韓	4.2%	新加坡	3.6%。
剛果	30.3%、	加拿大	7.5%。
瑞典	8.9%、	哥倫比亞	14.2%。
亞美尼亞17.5%、		哥斯大黎加	22.0%。

可見，在民主社會的制度裏，人民失業的壓力是無法避免。

2.共產社會：

〝共產〞一詞的字面義為共享財產/產品。深層義之共產社會，則指以共產主義的無產階級思想體系和理想的社會制度。共產主義一詞源於拉丁文communis，原意為〝公有〞，英文communism一詞出現在19世紀30年代。1848年馬克思和恩格斯在《共產黨宣言》中，系統地闡明了共產主義基本原理，遂成為共產主義運動的綱領。共產主義概念包括共產主義思想、共產主義運動和共產主義制度三個層面。共產主義思想是無產階級的思想體系，共產主義運動是無產階級的革命實踐活動，共產主義制度是人類最理想的社會制度，也是人類社會發展的最高形態。共產主義作為理想的社會制度，包括初級階段的社會主義社會和高級階段的共產主義社會。我們通常所說的共產主義，是指共產主義的高級階段。在這個階段，社會產品非常豐富，人們具有高度的思想覺悟，勞動成為生活的第一需要，工農、城鄉、腦力勞動和

體力勞動三大差別已經消滅，採取〝各盡所能，按需分配〞的分配原則。這種公有制社會是人類意識形態的高級階段，而私有制社會則是人類意識形態的低級階段。它的特色在於：

A.國家由人民當家做主：

共產主義就是人們對社會資源整體佔有形式的一種，或者是屬於社會整體上分配形式的一種，意即它是一種人們共同佔有社會資源、共同勞動、共同分享勞動成果的公有制形式，從而達到人民當家做主的目標。

B.國家資源公有制：

每個人的出生，不因家庭背景好壞所影響，從一出生就平等地享受社會開放的教育、醫療、交通運輸工具等的社會福利，按需所取為人們提供了物質保障的基礎，豐富的物質生活讓人們擺脫了私有制社會人們對物質生活為第一追求的目標，進而轉向探索宇宙奧秘成為人們共同的渴望。也就是說，公有制社會和私有制社會的區別，就在於社會資源開放與控制的不同。社會資源為人民所擁有，並開放給人民使用，就是公有制社會，也就是人民當家做主；社會資源限制地給人民使用，有了限制就會產生統治階級，來控制與限制人民使用社會資源，需要控制地給人民使用，那麼就需要有控制的方法，這樣也就產生了各種的藉口和愚民文化，因此也就讓人們產生各種錯誤的思想，及不同的意見和想法。當人們意識到自己對事物的認識不夠，發現是教育不夠好、見識不夠廣、判斷力不夠強等，最後埋怨自己的私有財產不夠多，卻往往不能夠領悟到自己早已是被統治階級套在圈子裡的結果，這就是為什麼私有制社會可以延長歷史上千年。

C.國家資源按需所取：

人類社會是一個群體的社會，在群體社會的管理過程中，人們對國家資源佔有或分配的方式，大概可以分成三種形式：

a.兩極分化，即一小撮人佔有國家的絕大部分資源，也就是人們的貧富差距很大，佔有絕大部分國家資源的一小撮人就是統治階級。

b.相對平等，即整個社會的人們貧富差距不大，仍舊是私有制社會，人們各自的財產被限制在社會相對均勻的數量裡，控制社會財富分配的是統治階級。

c.按需所取，即人們共同佔有國家資源，並根據自己的需求而提取，也就是國家資源為人們共用資源，沒有私有制也就沒有統治階級，這種按需所取，便是共產社會的特色。

共產社會所奉行之共產主義，包括共產主義思想、共產主義運動和共產主義制度三個層面。共產主義思想是無產階級的思想體系，共產主義運動是無產階級的革命實踐活動，共產主義制度是人類最理想的社會制度，也是人類社會發展的最高形態。共產主義作為理想的社會制度，包括初級階段的社會主義社會和高級階段的共產主義社會。它的執行三步曲為：

a.鼓吹無產階級思想，進而奪權建國。

b.發動階級鬥爭，打倒財團、地主等，將社會所有資源收歸國有，以建立共產社會公有制度。

c.促進生產，發展經濟，從均貧社會走向均富社會，從初級階段的社會主義社會，完成高級階段的共產主義社會。

　　共產主義社會常被世人所誤解，認為共產社會的國家資源為
人民共有，沒有私有制，大家一起吃大鍋飯，有才華者、勤奮努
力者、弱勢團體者，與平庸者、好逸惡勞者、年輕力壯者，大家
的待遇都一樣，做與不做皆無差別。這〝違反人性之私〞，所以大
多數人不願意努力生產，國家經濟條件自然差，由此形成均貧的
社會。然而人們卻忽略，這只是他們的〝初級階段的社會主義社
會〞，是過程不是目的，他們會往〝高級階段的共產主義社會〞
的目標前進，促進生產、發展經濟，從均貧社會走向均富社會。

　　共產主義社會之創始國，雖為蘇維埃社會主義共和國聯盟(簡
稱蘇聯)，從1922年建立，卻於1991年解體，國祚僅69年。中國是
共產主義社會的實踐者，從1949年建立，至今雖僅74年，還永續
存在中，到目前為止是一個成功者，是共產主義社會的典範。其
三步曲為：

　　a.從民國起，陳獨
秀（1879年—1942
年）、李大釗（1889
年—1927年）等即鼓吹
無產階級思想；毛澤東
於1949年進而奪權建
國。

　　b.毛澤東（1893
年—1976年），於
1966年發動階級鬥爭，
也就是文化大革命，打

陳獨秀　　李大釗
圖片來源：《維基百科》

倒財團、地主等，將社會所有資源收歸國有，以建立共產社會公
有制度。

　　c.鄧小平（1904年－1997年）於1978年實施〝對內改革，對外開放〞的經濟改革措施，以促進生產，發展經濟，從均貧社會走向均富社會，目前正從初級階段的社會主義社會，完成高級階段的共產主義社會的過程。

鄧小平
圖片來源：《維基百科》

　　在這過程中，接續者習近平（1953年－）於2015年提出〝脫貧攻堅戰〞，使中國從均貧社會走向均富社會，並於2020年所有貧困地區和貧困人口一道邁入全面小康社會，號稱〝人間奇蹟〞。致使中國目前的軍事力量，根據國際防務網站《全球火力》公布，位居世界第三；它的財務力量，根據《中國國家外匯管理局》公布，截至2022年5月，外匯儲備總額約為3兆美元是世界第一；它的經濟力量，根據《全球競爭力報告(世界經濟論壇出版)》公布，2019年GDP總量美國約為2兆億美元；中國則

習近平
圖片來源：《維基百科》

約為1.5兆美元，經濟體位居世界第二，英國《經濟與商務研究中心（CEBR）》的報告預測說，中國GDP在2028年將達到約為3.3兆美元，超過美國約為3.2兆美元，躍居世界第一。歐美須用一個世紀以上的時間才能完成的事，中國只用了30年便達成，全世界也只有中國做得到。

D.人民生活得到保障：

共產社會的國家資源公有制，為每一個人民所共有共享：不受出生家庭背景好壞所影響，從一出生大家都平等地使用社會開放的教育、醫療、交通運輸工具等資源，按需所取為人民提供了物質保障的生活。

它的優點有五：

A.能貫徹理想：

共產社會以領導人意志為依歸，凡事取決於一人，無須他人同意，故只要是領導人想做的事，便能貫徹理想。中國目前正從均貧社會走向均富社會，從初級階段的社會主義社會，邁向高級階段的共產主義社會。

B.執行效率佳：

共產社會以領導人意見來主導，容易取得共識，只要領導人想執行的事，便能貫徹，其執行效率佳。大陸福清核電站的興建，只用了6年的時間即完成1、2號機運轉，裝置容量2,000MW，總經費推估200億人民幣，約新臺幣1,000

大陸福清核電站
圖片來源：《百度百科》

億元；與臺灣核四電廠的總裝置容量2,700MW雖相當，但核四電廠的興建，超過40年的歲月，總花費約新臺幣3,205億元，最終卻是一片廢墟。大陸廣深高速公路，從廣州市到深圳市，全長122.8公里，為雙向六線道，1992年動工興建，於1996年完工驗收，計4年時間，總投資約85億人民幣，約新臺幣425億元；與臺灣國道三號福爾摩沙高速公路，全長431.5公里(為廣深高速公路3倍多)，為雙向六線道，總經費卻高達新臺幣4,400億元，更花了17年的時間。可見，民主社會體制與共產社會體制的執行效率天壤之別。

廣深高速公路深圳竹子林立交段（圖中橫向道路）
圖片來源：《維基百科》

C.國家意識強：

　　共產社會是以集體為中心，講究共識、共享、團結的集體主義。生活在這種環境的氛圍下，所養成的國家意識大致上強過於個人意識，尤其是中國人民。因他們歷經清末年間以來列強國家

的欺凌，從中英戰爭起，以至到八國聯軍，中國幾被瓜分，後又有日本侵華的八年抗戰等。因此，中國人民深知弱國無外交，弱肉強食的叢林法則，唯有團結的強烈國家意識，才能抵禦外侮，以確保國家安全，人民才有幸福可言。

中英戰爭
圖片來源：《維基百科》

D.均富的社會：

人雖有先天上聖、賢、才、智、平、庸、愚、劣的不平等，然靠後天的共產社會制度，即可消弭先天的不平，達到孫中山先生所說的：「人人應以服務為目的，不以奪取為目的，聰明才力愈大者，當盡一己之力，服千萬人之務，造千萬人之福。」的真平等，以創造一個均富的社會。

1901 年八國聯軍在北京的紫禁城
圖片來源：《維基百科》

中日八年抗戰手持大刀的中華民國士兵
圖片來源：《維基百科》

E.無失業壓力：

共產社會採財產公有制，就業分配制。大家一起吃大鍋飯，在就業市場自然不會產生失業問題，尤其是弱勢群族，也不會有失業的機會。雖然，根據美國中央情報局（CIA）出版的《世界

概況》等所統計的失業數據，共產社會的中國在2023年為5.2%失業率。但究其原因，乃因中國在1978年，領導人鄧小平實施〝對內改革，對外開放〞的經濟改革措施，以促進生產，發展經濟，從均貧社會走向均富社會，試圖從初級階段的社會主義社會，完成高級階段的共產主義社會的策略中，先讓一部分的人富起來，故允許民主社會的私有制、自由市場存在，以刺激勞動力生產，有利於經濟發展所致。可見，在共產社會的制度裏，理論上人民不會有失業的現象。

然而它的缺點也有四：

A.容易發生專制世襲：

共產主義的國家，採自然貴族政體，該政體之權力經由教育制度與民主化程序，選拔少數資質優秀的英才，以擔任統治者，也就是由少數人掌握政權的一種統治形式。這種統治自然是專制的形式，尤其是領導革命之建國領導人，深受人民的愛戴，擁有無上的權勢，故容易走上一黨專制並由其子孫世襲繼承，朝鮮民主主義人民共和國，簡稱朝鮮或稱北韓，始由金日成先生建國，傳給長子金正日，而後金正日再傳第三子金正恩，世襲繼承即是明證。

金日成；圖片來源：《維基百科》

金正日；圖片來源：《維基百科》

金正恩；圖片來源：《維基百科》

B.容易發生政變奪權：

如前所述，發生世襲專制後，其政權有如帝國體制，要改朝換代需要發動政變奪權，否則不可能改變政權。我們從古今中外的帝制國家，不管什麼原因，必然會發生推翻前朝的戰爭，即可得到明證。

C.基本人權較無保障：

人類一出生，有如一張白紙，其思想觀念等，是由後天環境教育所養成。因此，一黨專制之領導人，為其政權的延續，必須灌輸人民該黨之理念思想等，並控制其他思想，就必須從教育環境著手，凡會影響思想之學校教育與教材、出版與刊物、電視與影音等，皆會嚴格管控。由此，自然會產生因思想所衍生出來的言論、信仰、出版、結社等的不自由，其基本人權較無保障。

D.才華無從創造財富：

人有聖、賢、才、智、平、庸、愚、劣之分，卻要大家都一樣的相等對待，一樣的分配，一樣的待遇，縱同酬不同工，這個〝工〞也是有難易之分，卻是一樣的待遇，這對有才華的人無從創造財富，自然不公平。

民主社會與共產社會的優缺點，幾乎剛好顛倒，凡是民主社會的優點，便是共產社會的缺點；而民主社會的缺點，便是共產社會的優點。所以，要解決國家社會制度的問題，其方法有二：

1.人生既以幸福為目的，不管是追求生活的安逸者，或是追求生命的意義者，皆能讓人感到幸福滿足。國家存在之目的，便在確保並落實人民幸福。國家的安全、社會的和諧，以及滿足人民的需求是幸福的前提，否則人民就沒有幸福可言。因此，民主

社會與共產社會互有優缺，可以各取所需，也就是取長補短，相得益彰，綜合成為另一種國家的體制。

2.國家社會的制度思想，乃由社會長期的影響而形成，非與生俱來，可以透過教育環境，從小置身於單一的國家體制中成長，進而提升個人的民主素養，客觀、理性、識大體、有遠見等，從而站在屋頂架構上看待人生，既以幸福為目的，有些事是不得不為。如毛澤東發動文化大革命，打倒財團、地主等，將社會所有資源收歸國有，建立共產社會公有制度，以解決財團壟斷國家資源，地主對佃農剝削等不公、不義、不平等的問題。雖犧牲了很多人，然這是必要之惡，不得不為。當然，可能還有更溫和的作為，但毛澤東選擇最極端，也是最有效的方法，所以他也背負千載罵名。縱然個人深具國際觀，甚至受到西方文化的影響，也能體諒，甚而贊成如此的做法。縱不贊成，也會只有少數人，對整體而言，影響不大。

總的來說，要解決國家紛亂根源之三的國家社會制度問題，在於民主社會與共產社會互有優缺，可以各取所需，也就是取長補短，相得益彰，綜合成為另一種國家的體制，以及透過教育環境，從小置身於單一的國家體制中成長，進而提升個人的民主素養，客觀、理性、識大體、有遠見等，從而站在屋頂架構上看待人生，既以幸福為目的，有些事是不得不為，縱然個人深具國際觀，甚至受到西方文化的影響，也能體諒，甚至贊成如此的做法。其實施，見下回分曉。

四、國家的防禦能力

　　如前所述，一個國家的防禦能力，係建立在〝武力〞、〝財力〞，以及〝團結〞這三大基石上。在武力方面：國家存亡，不能寄託於他人的慈悲，必須操之在我，人民幸福比什麼都重要，不必顧及道德問題。故國家需要擁有強大的軍事武力，才能產生恐怖的平衡，我們不欺負他國，他國也不敢欺負我們。美國為何敢以伊拉克擁有大規模殺傷性武器，對美國及其盟友構成威脅的理由，於2003年3月20日對伊拉克發動戰爭；為何敢於2020年對巴格達國際機場發動空襲等。為何不敢對同為小國的北韓動武，只因北韓擁有強大的軍事武力及核子武器所致，這便是明證。

　　在財力方面：雄厚的財力，才能發展強大的軍事武力，也才有能力應付各種災難，以確保人民的身家安全，及人民的生活水準；在團結方面：全體人民有共同的國家意識，共同的利害關係，縱然再自私，也能團結一致對外。《孫子兵法·九地》云：「**夫吳人與越人相惡也，當其同舟而濟，遇風，其相救也如左右手。**」相惡之人尚且如此，何況是自己的同胞。可見，共同的利害關係是人民團結的關鍵。以色列雖是小國，

孫子
圖片來源：《維基百科》

國土面積現管轄僅有約22,072平方公里，人口2023年估計，也只有約9,709,280人，然與阿拉伯等鄰國多年、多次發生衝突戰爭，而以色列卻依舊能與之抗衡，所憑者便是國人的團結，此即明證。

　　總的來說，要解決國家紛亂根源之四的國家防禦能力問題，在於武力、財力，以及團結這三大基石上。擁有強大的軍事武力，才能產生恐怖平衡，他國才不敢越雷池一步；雄厚的財力，才能發展強大的軍事武力，也才有能力應付各種災難，以確保人民的身家安全，及人民的生活水準；而全體人民有共同的國家意識，共同的利害關係，便能團結一致對外。其實施，見下回分曉。

五、國家的內政管理

如前所述，一個國家的內政管理，雖有財政、教育、法務、經濟、交通、勞動、衛生福利、文化、農業等，然以經濟發展最為重要。明·沈采《千金記·第二三齣》上說：「飽暖思淫慾，飢寒起盜心。」《管子·牧民》亦云：「倉廩實而知禮節，衣食足而知榮辱。」可見，人民若生活貧困，國家一切的教化，將會付之流水，也無力建構強大的軍事武力，亦沒有能力應付各種災難，它是一個國家的興衰，甚至更替的重要因素，古今中外，民主社會或共產社會皆是如此。

古之中國，秦末劉邦、元末朱元璋、清末孫中山等的平民革命，國家更替；今之蘇聯解體、中東阿拉伯之春[2]（導致突尼西亞、埃及、利比亞、葉門、阿爾及利亞，以及蘇丹等六個國家政權更替），皆因人民生活貧困所致，此等都是明證。

總的來說，要解決國家紛亂根源之五的國家內政管理，主要在於發展經濟，使民豐衣足食，而後知廉恥，社會自然安穩。其實施，見下回分曉。

---

[2] 阿拉伯之春（阿拉伯語：الثورات العربية），是指自 2010 年年底在北非和西亞的阿拉伯國家和其它地區的一些國家發生的一系列以〝民主〞和〝經濟〞等為主題的社會運動；該運動成功推翻 6 個國家政權；2011 年 1 月 14 日晚，突尼西亞革命的局勢惡化導致已執政 23 年的總統班·阿里下臺並流亡沙烏地阿拉伯；埃及示威浪潮使總統穆巴拉克在 2011 年 2 月 11 日正式宣佈下臺，結束長達 30 年統治；利比亞反對派成立全國過渡委員會，成功推翻格達費長達 42 年的統治；2012 年 2 月 27 日，葉門政治協議正式生效，已執政 33 年的總統薩利赫退位；2019 年 4 月 2 日，阿爾及利亞總統布特弗利卡正式辭職，結束近 20 年的總統生涯；2019 年 4 月 11 日，掌權長達 30 年的蘇丹總統巴希爾被軍事政變推翻。

六、人性的私慾無窮

　　如前所述，人類本性既為〝性私〞，也就是自私，無論個人、團體、族群，甚至是國家皆是如此。尤其是私慾無窮，更是破壞人際關係、社會和諧、國家爭戰，以及世界和平等的最大因素。要解決該問題，有兩種方式：一為堵，如鯀治水；二為導，如禹治水。鯀用障水法，也就是在岸邊設河堤，但水卻越淹越高，歷時九年未能平息洪水災禍；禹以疏導法，利用水向低處流的自然趨勢，疏通九河，把平地的積水導入江河，再引入海洋，經過十三年治理，終於獲得成功，消除中原洪水氾濫的災禍。

大禹
圖片來源：《維基百科》

　　古今中外之聖賢，不管主張性善者、性惡者，或是性善惡混者，也大都認為人性需要透過教育來節慾/寡慾/去慾/無慾等，堵住慾望才不會為惡。東方性善論者孟子認為，太多的物質慾望會有礙吾人的修養，因而提倡〝寡慾〞之說，《孟子·盡心下》上云：「養心莫善於寡欲。其為人也寡欲，雖有不存焉者，寡矣；其為人也多欲，雖有存焉者，寡矣。」意即修養心性的方法最好是減少物質慾望。他的為人如果慾望不多，那麼善性即使有所喪失，也不會很多；他的為人如果慾望很多，那麼善性即使有所保存，也只是一點點。

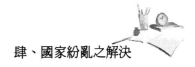

性惡論者荀子則提倡〝寡慾〞之說，《荀子·榮辱》曰：

> 人之情，食欲有芻豢，衣欲有文繡，行欲有輿馬，又欲夫餘財蓄積之富也，然而窮年累世不知足，是人之情也。今人之生也，方知畜雞狗豬彘，又畜牛羊，然而食不敢有酒肉；餘布刀，有囷窌，然而衣不敢有絲帛；約者有筐篋之藏，然而行不敢有輿馬。是何也？非不欲也，幾不長慮顧後而恐無以繼之故也？於是又節用禦欲，收斂畜藏以繼之也。是禦己長慮顧後，幾不甚善矣哉。今夫偷生淺知之屬，曾此而不知也。糧食大侈，不顧其後，俄則屈安窮矣。是其所以不免於凍餓，操瓢囊為溝壑中瘠者也。

意即吃想吃雞鴨魚肉，穿想穿綾羅綢緞，行想有車馬代步，此外還想有大量的財富積蓄，永遠也沒有滿足的時候，這就是人的真實本性。然而，在現實生活中，人們雖養雞鴨豬狗，又養牛羊，但在吃的時候也不敢又是酒又是肉的；雖然有積蓄的錢財、糧食，但在穿的時候也不敢全身絲綢，行的時候也不敢出入車馬。這並不是人們從本性中就不想得到這些，而是由於從長遠考慮，顧及到以後，怕一旦接濟不上。因此，人們採取節約消費和節制慾望的辦法來積累財物，作為接濟日後的需要。

性善惡混論者周敦頤（1017 年—1073 年），積極提倡〝無欲〞之說，《周子全書·養心亭說》上云：「孟子曰：『養心莫於寡欲。……』予謂，養心不止於寡焉而存耳，蓋寡焉以至於無。無則誠立、明通。誠立，賢也；明通，聖也。」意即孟子提倡〝寡欲〞之說是不夠的，而應當寡而至於無，才可以達到〝聖人〞的境界。故《周子全書·

周敦頤：圖片來源：《維基百科》

通書》上又說：「聖可學乎？曰：可。曰：有要乎？曰：有。請問焉！曰：一為要。一者，無欲也。」

西方性善論或性善惡混者柏拉圖認為：人的本性就是人的靈魂，靈魂是由神造的，是不朽的。人的靈魂由三部分組成，分別放在不同的器官裡，第一部分是理性，是靈魂最優秀、高貴的部分，放在人的頭腦裡，它具有判斷能力和了解真理，並統率其他部分。當理性統率和指導其他部分時，靈魂就有了智慧的德性，故柏氏說：「理性是智慧，關注整個靈魂，所以應占統治地位，而激情則是它的臣民和同盟軍。」又說：「我們認為一個人的智慧，是由於他靈魂中占統治地位的那部分，能夠運用它所擁有的。」[3]

第二部分是激情，是靈魂的中間部分，放在人的心中，用以發動行為並接受理性的指導。當激情堅定不移的執行理性指示，幫助理性控制慾望時，靈魂就有了勇敢的德性，故柏氏又說：「如果一個人無論在快樂還是痛苦中，他的激情對應怕什麼和應不怕什麼，都是堅持接受理性的控制，那麼我們更由於他靈魂的這個部分，而認為這個人為勇敢。」[4]

第三部分是慾望，是靈魂最低劣的部分，放在人的胃裡，是放蕩行為和貪淫好色的避難所，它的本性貪婪，如果不加以控制，它就會變得妄自尊大，不安己位，試圖奴役和統治非它適合的部分，所以對慾望必須加以控制。當慾望與快樂受到了控制時，靈魂就有了節制的德行。故他說：「節制是一種秩序，一種對於快樂與慾望的控制。」[5]當激情與慾望接受理性的領導而各守其

[3] 見苗力田：《古希臘哲學》，（北京：中國人民大學出版社，1989年），PP.297、298。

[4] 同前註，P.298。

[5] 見北京大學哲學系與外國哲學史教研室編譯：《古希臘羅馬哲學》，（北京：中國商務印書館，1961年），P.225。

職，各盡其性時，靈魂便有了自然和諧，從而靈魂就具有了最高的德性——〝正義〞，所以柏氏說：「一個人在其靈魂中，各部分各安其位的人是正義的人。」[6]

莊子（約前369年－前286年）說：「夫小惑易方，大惑易性。」意即小的迷惑可以使人弄錯方向，大的迷惑能夠使人喪失本性。可見，人生之大忌，便是私慾太重。淨土宗佛海居士說：「在支提山，晚飯後一般陪師父在附近的山路上散步。大家一邊走一邊念佛，間或也進行交談。我請教師父：『世間有許多有本事、有能力的人，弄到最後結局都很糟糕，這是為什麼？』師父說：『私欲的名利心太

莊子；圖片來源：《維基百科》

重。』師父說：『人有私欲之心很多事就做不好。』私欲如魔，很多人都栽在它的手上。孔子早就發現了這個問題，所以他提出『格物致知，修身齊家治國平天下。』所謂〝格物致知〞印光大師給了正確的解釋，〝格〞就是去除的意思，〝物〞就是私欲；只有去除私欲才能致知，致知才能修身齊家治國平天下。做事業的前提首先要去除私欲，也就是去除名利心。私欲不除而去做事業，是很危險的。君子當深思。」雖是如此教育，如此勸說，然人性如流水，宜導不宜堵，古今中外之聖賢，堵了幾千年，然大同世界、理想國等至今不可得，其原因甚明。

總的來說，要解決國家紛亂根源之六的人性私慾無窮問題，在於如大禹治水，以疏導方法，利用人性私利的自然趨勢，引導至善端，並以刑罰為輔助手段，使人民不敢為惡，社會自然和樂。其實施，見下回分曉。

---

[6] 見苗力田：《古希臘哲學》，（北京：中國人民大學出版社，1989年），P.297。

　　綜上所論，解決國家紛亂根源之一的人民意識形態之衝突，在於一個國家應只有一種意識形態，提供給全國人民來信仰，該信仰必須以人民為主，服務並保障人民，進而達到全民幸福的生活。而解決國家紛亂根源之二的人民宗教信仰之衝突，也在於一個國家應只有一種國家宗教，提供給全國人民來信仰，該宗教應以科學為依據，並可以闡釋宇宙的奧秘，使宗教不再帶著神秘的面紗，又能具備天道自然，日月星辰四時運轉的循環，並好壞都會回饋自身，不假他手，方能取得知識分子與一般民眾的信服。解決國家紛亂根源之三的國家社會制度之動盪，在於民主社會與共產社會互有優缺，可以各取所需，也就是取長補短，相得益彰，綜合成為另一種國家的體制。解決國家紛亂根源之四的國家防禦能力之薄弱，在於武力、財力，以及團結這三大基石上，擁有強大的軍事武力，才能產生恐怖平衡，他國才不敢越雷池一步；雄厚的財力，才能發展強大的軍事武力，也才有能力應付各種災難，以確保人民的身家安全，及人民的生活水準；而全體人民有共同的國家意識，共同的利害關係，便能團結一致對外。而解決國家紛亂根源之五的國家內政管理之無能，主要在於發展經濟，使民豐衣足食，而後知廉恥，社會自然安穩。解決國家紛亂根源之六的人性私慾無窮，則在於如大禹治水，以疏導方法，利用人性私利的自然趨勢，引導至善端，並以刑罰為輔助手段，使人民不敢為惡，社會自然和樂。

　　最後，透過教育環境，從小置身於單一的意識形態、單一的宗教信仰、單一的社會體制(生活在共產社會即受其體制教育；生活在民主社會即受其體制教育)等成長，進而提升個人的民主素養，客觀、理性、識大體、有遠見等，從而站在屋頂架構上看待人生，既以幸福為目的，有些事是不得不為，縱然個人深具國際觀，甚至受到西方文化的影響也能體諒，甚至贊成如此的做法。

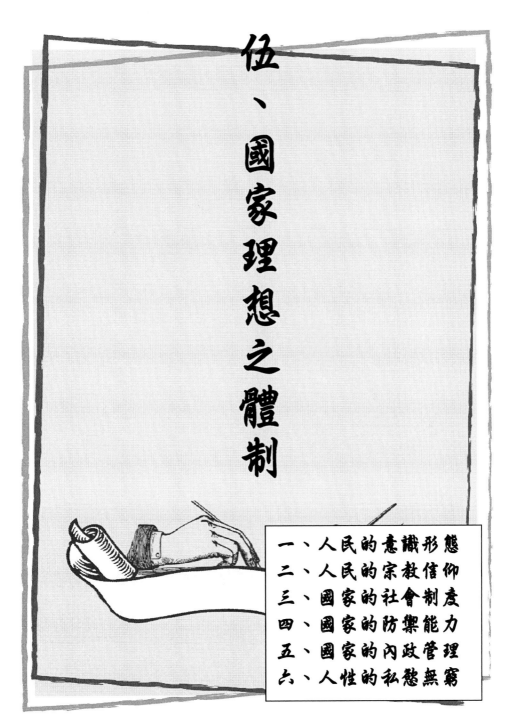

伍、國家理想之體制

一、人民的意識形態
二、人民的宗教信仰
三、國家的社會制度力
四、國家的防禦能管理窮
五、國家的內政無
六、人性的私慾

　　人類的生命無價，是唯一，也是獨一，任何人皆不可剝奪。人生以幸福為目的，它是主觀的，各自有各自主觀上的幸福，追求生活安逸者，其人生會顯得消極慵懶；追求生命意義者，其人生會顯得積極進取，必須尊重其選擇權。而選擇權是人類與生俱來的天賦人權，任何人都不可剝奪。更何況：「生命誠可貴，愛情價更高，若為自由故，兩者皆可拋。」因此，國家理想之體制，首要保障人民的選擇權，並對應於國家紛亂之根源，所提出的解決之道，並以原則性為主，執行層面，依當時需求而決定。故依序：人民的意識形態、人民的宗教信仰、國家的社會制度、國家的防禦能力、國家的內政管理，以及人性的私慾無窮等六項，說明如下：

一、人民的意識形態

　　當今世界，還沒產生一個適合我們生活之〝理想主義〞[1]（Idealism）的社會，如前所述，民主社會或共產社會皆有其優缺點。民主社會主要的缺點，在於貧富差距過大，人民生活壓力也過高，造成社會的仇恨而不得安寧；共產社會主要的缺點，在於違反人性，人民生活懶散不思進取，所以無法達成均富的社會。而這兩個社會的缺點，至今還是無解。因此，筆者提出建構一個理想主義的社會。

---

[1] 〝理想主義〞一詞，源於 18 世紀的啓蒙主義和 19 世紀的理性主義，提倡在國家交往中遵循道德標準，加強國際規範，建立〝超國家〞組織，通過建立世界政府、世界組織，來約束各國主權以實現世界秩序的穩定，理想主義色彩濃重；通俗說：理想主義是基於信仰的一種追求，係以精神層面為核心，但它並不排斥物質，它與信仰緊緊聯繫在一起，有信仰的地方，理想主義才會形成，因此有信仰、有追求的人，我們便稱為〝理想主義者〞。

　　所謂〝理想主義的社會〞，係指人民具有絕對自由的選擇權，選擇他們所想要生活的社會。該社會具有民主社會及共產社會的優點，而兩者的缺點由人民自由選擇。因是人民在自由意志下的選擇，自然無怨言；且是可以達成均富的社會。也就說，一個國家至少有兩個不同制度的社會，提供給人民自由選擇。

　　有關該等社會的主義思想，係就該等社會原有的內容；有關該等社會的制度，係就該等社會原有的制度，再加以去蕪存菁統合而成。詳見下單元分曉。

　　總的來說，要解決人民意識形態的衝突，便要提供一個不衝突的意識形態，而意識形態乃人民自由的選擇權，無法避免一個社會有多個意識形態的存在，但只要給人民一個可以選擇生活的社會制度，意識形態便僅存在各自信仰中而不衝突，此便是理想主義的社會。

二、人民的宗教信仰

大樓之興建，必先穩其地基，方能屹立不倒；宗教之建立，必先以科學為依據，方能獲得普遍認同。因此，本單元將以〝理論基礎〞及〝大道無名〞，論證如下：

1.理論基礎：

數學上有一定律，如果圓周是無窮大，則圓內每一個點皆可作為這個圓的中心。同理，如果吾人把宇宙的時空都放大到無窮時，那宇宙內任何一個點，皆可作為〝起點〞，有了起點，自可畫無窮的圓周。雖然起點之前可能是個無窮，起點之後亦可能也是個無窮，但這個起點卻是談論任何事物的絕對必須，否則無所依從，雞、蛋這類無解的循環命題，即可因此而獲得解決，使一切盡在合理中。所以，以下將是筆者嘗試據此定律，對宇宙生成、生命起源、人類由來，以及生死源由提出看法：

A.宇宙生成：

宇宙（universe）初始之前，沒有時間、空間，一片寂靜、漆黑，唯一存在的上帝沉眠中[2]，不知幾經億

沒有時間、沒有空間。
一片寂靜、漆黑的上帝。

---

2 〝上帝〞一詞，基督教所指乃是具有意志力的〝萬能上帝〞（God）；而希臘哲學家亞里斯多德所指的〝上帝〞（Theory）則是形上學之〝最高原理〞；本處之上帝，乃指形上學的上帝；而〝沉眠〞一詞，係形容上帝如人在沉眠靜止狀態中，但內在元素依然保持著該有的活動。

年，日復如此。祂是由精神體(Spiritual Being)[3]與物質體(Body, Physical)[4]所統合；精神體雖無形無相、無聲無味，卻有能量可行使意志力；而物質體則有形有相，可隨著環境轉化形體，祂的體積等於宇宙萬物的總和，如果把這個總和壓縮到與物質體一樣的密度，根據物質不滅定律，兩者之大小重量是相同的，絲毫不增

---

[3] "精神體"具有二義：一為宗教(神話)上之精神體，可譯作"靈體"或稱"超自然體"，是宗教所幻想的不受自然規律所制約，具有智能和意志力，可影響自然事物的存在，凡神、仙、鬼、怪、人的靈魂等都包括在內，各種宗教都有不同形式的精神體觀念，它不具備物質形態，但其形象與屬性都是擬人化的；二為哲學上之精神體，它係非物質性，所以無形、無象、無聲、無臭、無味，不增不減，卻是單純而實體性的存有物，能藉自我意識感覺到它的存在，並能領悟與實現超感覺的價值，且其非物質性不僅指本身非物質，對物質本身也沒有內在從屬關係；精神體不限於現象界的狹隘範圍，而是向整個存有界開放，其認知能力廣及漫無限制的整個真理領域，因此意志力亦可施諸無限廣泛的任何價值，但精神性的廣度無法在有限生命期中獲得完全滿足，故需無限制的生存，也就是精神體具有"不死性"(Immortality)，可獨立無限的延長；見布魯格著項退結譯：《西洋哲學辭典》，(臺北：華香園，民八十一年第二版)，P.502 精神條；本處所指乃哲學上之精神體。

[4] "物質體"指由物質所構成之整體，其形狀大小有一定者，可藉由吾人感官知覺察覺它的存在，具有"延展性"(Extension)及充滿一個有限度"空間"(Space)的特徵；所謂延展性，意指物質體各部份在空間中的相互排列；而空間的充滿，意指第一個物質體佔有的空間因抗拒力量而排斥其他物質體；當然，這種延展性與空間充滿的"不可入性"(Impenetrability)僅係"巨觀物質體"(Macroscopical Body)的特徵，原子以下"微觀物理世界"(Microphysical World)的"物質"(Matter)，則並不如此，它一方面是侷限於空間粒子，另一方面又是廣泛展佈的電磁波及電磁場，這種雙重性似乎顯示出，這些對象不像肉眼可見的物質體，不是空間性與時間性的型體，不能用時空的限定詞作完備描述；儘管如此，但微觀物理世界的物質，透過其多樣性及彼此間的交互作用(Inteactions)，卻可構成肉眼可見的物質體，該物質體又可因量變而"轉化"成不同型態，甚進而發生質變。所謂的"質變"，係指"性質"(Quality)改變，而非"原質"(Prime Matter)改變，其原質具有"不變性"(Immutability)，可恆長保持；同前註 P.94 物體條。

不減：物質體的成份乃由至少118種以上元素所構成（現今地球所發現的元素有118種），而這些元素具備了生成宇宙萬物的基本條件，就如人體是由碳……等元素所組成一樣。

偶然間，上帝內在的元素失去平衡而發生變化，如鈾或鈰，從亞臨界態向超臨界態轉變，而產生〝核裂變〞（nuclear fission）[5]；或

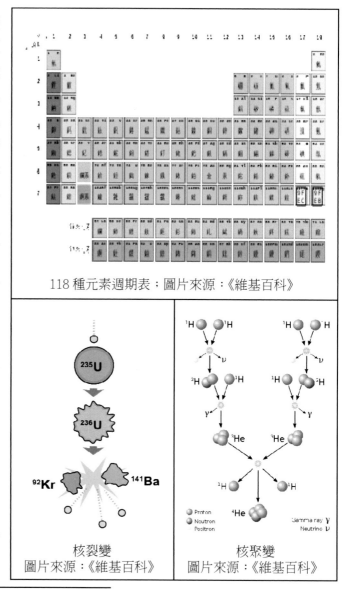

118種元素週期表；圖片來源：《維基百科》

核裂變
圖片來源：《維基百科》

核聚變
圖片來源：《維基百科》

---

[5] 〝核裂變〞是指較重的（質量數較大的）原子核分裂成兩個以上較輕（質量數較小的）原子核的過程，屬於一種核反應或放射性衰變的形式，由莉澤·邁特納、奧托·哈恩、弗里茨·施特拉斯曼及奧托·羅伯特·弗里施等科學家在1938年發現；見廖瑞銘主編《大不列巔百科全書(中文版)》第六冊，(臺北：丹青圖書，出版日期不詳)，P.288核裂變條。

氫氦融合而產生〝核聚變〞（nuclear fusion）[6]，由此產生巨大能量，進而發生大爆炸，產生了時間與空間。由精神、物質二體所構成的一元上帝，被這股內在的爆力，炸得二體分離，這二體之間也產生了內在關聯性，也就是〝自然法則〞（Nature,Law of）[7]。精神體成了無數的靈體(Spirit body)，而物質體也成了無數大小、形狀不一的天體(System Body)，有的甚至成粉末狀的塵粒(Dust particles)，一起拋向真空的太空中，這也就是我們生活的空間，到處都是灰塵。雖然每一個天體所受的爆炸威力不同，拋速也各有差異，但每一個天體均做恆速向前的運動[8]，於是形成宇宙之初，不知幾經億年。

---

[6] 〝核聚變〞是指將兩個較輕的核結合而形成一個較重的核和一個極輕的核（或粒子）的一種核反應形式，1920 年由亞瑟・愛丁頓提出氫氦融合可能是恆星能量的主要來源；1932 年馬克・奧利芬特完成了氫同位素的實驗室融合；1930 年代漢斯・貝特提出恆星核融合主循環的理論等；同前註核聚變條。

[7] 〝自然法則〞在邏輯上指宇宙間各種現象的關係或秩序之能闡明的規律性，在一系列規定的條件下，這種規律性或者保持普適性，或者只在規定的一部份場合下有效；在哲學上指自然界事物之活動的固定準則，而自然界事物在未來也具有依其本性準則而活動的必然性；它包含：自然平衡定律(Natural Equilibrium Law)，所謂〝自然平衡定律〞指自然界事物之運行，皆具有自動維持其平衡的規律性，在任何一方產生變化時，另一方或多方即相對應發生變化，以能保持各方平衡的狀態；自然相對定律(Natural Relative Law)，所謂〝自然相對定律〞，指自然界事物之產生，皆具有對待、比較、對應等關係的規律性；自然流轉定律(Natural Rhei Law)，所謂〝自然流轉定律〞，指自然界事物之活動，皆具有朝向循環方向，做無終始變化的規律性；能量不滅定律(Law of Conservation of energy)，所謂〝能量不滅定律〞，指宇宙間各物體所有之能，雖可由此物移至彼物，由此種之能變為他種之能，然其總量恆一定不變，無增無減，也就是不會新生，也不會消滅；萬有引力定律(Law of Universal Gravitation)，所謂〝萬有引力定律〞，指宇宙間一切物體或物質之微粒，無論其距離遠近，無論其質量大小，彼此間均有一股互相吸引的力量，這股力量具有其距離逾遠吸力越小；距離逾近吸力越大，兩者成反比，以及質量逾大吸力越強，質量逾小吸力越弱，兩者成正比的規律性等多種定律。

[8] 任何物體在沒有引力的真空中，其運動的方向及速度，決定於外來瞬間力量的大小及方向，即可恆速的向前運動永不停止。

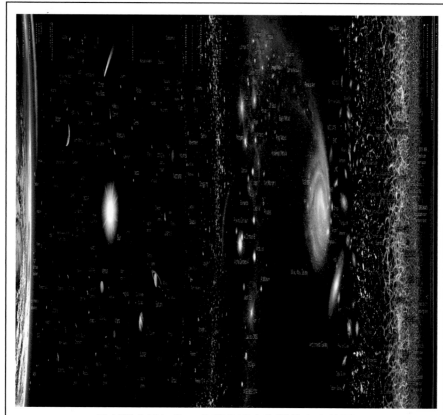

具有當今已知的一些著名天文物體的宇宙地圖
圖片來源：《維基百科》

後因爆炸時所產生巨大磁場分佈在無際的太空中，與天體的磁場，或天體與天體間的磁場，因緣際會的產生〝斥引作用〞（體積越大的天體，其拉引力量也越大，自然以該體為中心，拉引著其它天體）。由於這個斥引作用，使得中心體與其它天體，或天體與天體間的距離，坐落於斥引作用的中心點，彼此之間便產生平衡狀態，同時也因當時爆炸力所產生恆速向前的動力，使天體依循斥引作用的中心點前進，繞著中心體運行，其前進路線便是吾人所謂的〝軌道〞，軌道成圓形狀或橢圓形狀，順時針轉

或反時針轉，全因斥引作用的關係，太陽系即依此而形成[9]，其他無數星系的形成也大抵如此。而球狀似的天體，因其體積的中心點與磁場的中心點較為一致，故

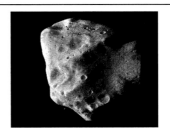

不規則狀塊的小天體
圖片來源：《維基百科》

[9] 太陽系由太陽和在太陽引力作用下圍繞太陽運轉的天體、塵埃粒子和氣體組成的複雜體系；除太陽外，太陽系的成員還有大行星、行星的衛星、數千顆小行星（絕大多數分布在火星和木星軌道之間）、數千甚至上萬顆質量很小的慧星、流星體和極其稀薄的氣體塵埃；太陽質量佔太陽系總質量的 99% 以上，它是唯一近到可從地球上看清表面細節的恆星，它每秒鐘輻射出大約 9×10 卡的能量；這些能量來自氫聚變為氦的熱核反應，已知的大行星有九顆，按離太陽由近及遠的順序排列為水星、金星、地球、火星、木星、土星、天王星、海王星和冥王星；其中水星、金星、地球和火星的大小和質量相近。密度為水的 3～6 倍，稱為類地行星。木星、土星、天王星、海王星的體積為地球體積的 15～318 倍，密度則只有類地行星密度的 20%，稱為巨行星；最遠的冥王星的體積只有地球的 0.45 倍，其運行軌道同海王星軌道相交，它從前可能是海王星的衛星，因脫離海王星引力控制而成為行星；九大行星各自沿接近圓形的橢圓軌道繞太陽運行，除冥王星軌道傾角為 17° 外，其他行星的軌道面和地球軌道面（黃道面）的交角都不超過 7°；行星軌道（包括小行星的平均軌道）的大小遵從提丟斯～波得定則（見波得定則）已測定軌道的小行星接近 2000 顆，它們的直徑為 1～800 公里，總質量估計為地球的 1/3000。慧星體積很大而質量極小，它們只在離太陽足夠近時才產生出背離太陽的慧尾，這是由於慧核發出的極其稀薄的物質在太陽風加輻射壓的作用下形成的，和行星的軌道不同，慧星的軌道有很大的偏心率並以各種傾角同黃道面相交；流星既指夜空中偶然看到的一掠而逝的亮光，也指形成流星亮光的本體～流星體；一般的流星體不大於一粒碗豆，它們在穿經大氣時一般都被燒盡，也有少數比較大的落到地面，稱為隕星；行星際物質常以黃道光或對日照的現象被人看到；太陽系的範圍一般是指到冥王星的距離，約 40 天文單位（太陽到地球的平均距離約 1.5×10 公里），實際上太陽系範圍要大得多，可能達幾百個天文單位；太陽系是銀河系的一部分，距銀河系中心約 10 秒差距（一秒差距為 206265 天文單位或 3.26 光年）；見同註四第十四冊，P.209 太陽系條。

容易平衡產生斥引作用，而形成星系；狀塊似的天體，因其體積的中心點與磁場的中心點較不一致，不易平衡故難產生斥引作用，而繼續飄浮於太空中，這也是今日吾人在已知的行星中，幾乎都是球狀，而飄浮於太空中的小天體，大多是不規則狀塊的原因。

當然，越接近正圓的個體及體積越大者，其運行的穩定性越高；反者，其運行的穩定性越低，故常有因斥引作用失衡而產生小天體拋離軌道的現象發生。如果這拋離的小天體衝向地球，與大氣層磨擦生熱發光，稱之為〝流星〞；如果是數目眾多，尤其像前述飄浮在太空中一大群的小天體衝向地球，則謂之〝流星雨〞；如果小天體沒被大氣層磨光還能掉落地面者，即所謂的〝隕石〞；由大量塵埃粒子與個

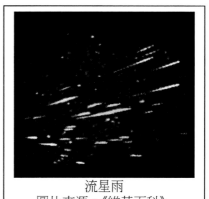

流星雨
圖片來源：《維基百科》

體聚集一起者，則稱之〝星雲〞，塵埃粒子亦會凝聚為〝新星〞，當然有些新星是由其它星球爆炸而形成的。

而天體內所含的元素種類及多寡，將決定未來發展，縱現在尚未發生，那也只是因緣未到，時間長短問題而已。如含有大量氫、氦等元素者，加上其因緣際會，則會產生能量而成發光體，數目越龐大其產生的能量越可觀，就如太陽一樣[10]；而地球則因

---

[10] 太陽質量佔太陽系總質量的 99%以上，它每秒鐘輻射出大約 9x10 卡的能量，這些能量來自氫聚變為氦的熱核反應；見同前註。

含有大量的碳、氫、氧等元素，具備產生生命的條件，才能發展為今日繁華之世界。這便是筆者主張的〝萬物一元二體說〞。

B.生命起源：

　　根據科學家推測，宇宙存在至今約138億年，我們所寄居的太陽系則約46億年，而地球的年齡大概有45億年左右，而生物是在地球地殼冷固之後才發生，生命的開端當然少於地球年齡，大概也有30~40億年之間。

法國科學家夏爾丹
圖片來源：《維基百科》

　　根據法國科學家夏爾丹（法語：Pierre Teilhard de Chardin，1881年—1955年，漢名德日進）認為：生命的形成是來自細胞，細胞的形成是種子性的微粒分子在時空內受光與熱的刺激而形成，生命由細胞的內在潛能，而演化為低等生命物，由植物而動物，由昆蟲類到哺乳類，再經長年累月的演化成有意識的人。故生命現象，是由物質的內在活力（previe）受外界的刺激而形成。同時他也對宇宙的起源問題認為：宇宙萬物是一個整體的、動態的、演化的；其過程為無機物→有機物→生物→人→精神。換言之，宇宙萬物，由物質趨向生命與意識，然後再走向精神。此演化的整體是〝內在的動力〞推動著萬物往超越自身的方向前進。因為，整個宇宙體，本身有內在相連的結構，組成整體的單元，下有基層的物質，上有團結性的吸力。物質非死靜的原素體，而物質內含有動力性的〝能〞，可使任何物體變化，由原始精力，藉外力之光與熱，成為簡單元素，成為大分子

體，再複合結構〝變量〞與〝變質〞後，成為有機體。故任何物質，皆非無生氣，其實質內早已含有一種〝先天生命〞（la previe）與意識的種粒（grains de conscience）存在者。使無機體到生命，由生命的演化，趨向心智的發生。因此，量與質之間沒有鴻溝，無機物與生物間沒有界線，物質與精神也不對立，皆可藉演化而溝通，最後還能貫通物質，邁向更高的精神境界。[11]

根據科學家推測，地球出現的第一個生命，亦是人類最原始祖先，可能是一種生命結構非常簡單之〝單細胞的生命體〞，這對已發生至少30億年〝寒武紀〞以前的事，當然純屬假設而已。不過有很多科學家為證實這種假設，做了無數的實驗，其中之一者為美國生物學家米勒（Stanley Lloyd Miller，1930年—2007年）。雖然地球在沒有生物之前的環境與現在的情況是截然不同，但科學家深信，今日所知之有關物理、化學上的法則，仍適用於當時的地球環境。因此，在1952年米勒將30億年前地球誕生生命時的情況，重新出現在他的實驗中。

美國生物學家米勒
圖片來源：《維基百科》

米氏在實驗室模擬當時的地球環境，用一個盛水的燒瓶，不斷的供水加熱沸騰，在其它的裝置中也充滿各式氣體～甲烷、

---

[11] 見張振東：《西洋哲學導論》，（臺北：臺灣學生書局，民七十八年），P.P.256、257。

氨、氫、和水蒸氣等，這些氣體推想是早期地球的大氣中所具有者。氣體通過放電，以重現當時地球的狀態，產生比今日發生者更為強烈的電暴現象，同時也用了可能是原始地球上能量之基本形態的紫外線輻射。這個實驗持續一星期以後，原本無色的溶液便出現了紅色，經分析結果，發現其中含有各種的有機分子，雖然某些有機分子無法確定名稱，但可確定的分子是〝胺基酸〞(amino acids)，全由碳、氫、氧和氮的原子組合而成，胺基酸是蛋白質的構造單位。[12]

繼米勒之後，有生物學家愛比爾森（Philip Hague Abelson）、科學家葛羅斯（Wilhelm Groth）及魏森荷夫（H.Von Weyssenhoff）等，以不同的氣體、不同的組合及不同的能源，進行了許多類似的實驗，所得出結果是一樣的胺基酸。

1961年西班牙裔美籍生化學家奧羅（Juan Oro，1923年—2004年），把米勒實驗所產生的氰化氫（hydrogen eyanide）加入混合物中，而得到含胺基酸較多的混合物，其中還有一些短的胜鏈(Polypeptide chain)，甚至還形成了核酸的組成要素〝腺嘌呤〞（adenine），再用甲醛做原始物質之一，竟也能產生〝核醣〞（ribose）和〝去氧核醣〞（deoxyribose）。

生化學家奧羅
圖片來源：《維基百科》

---

[12] 見摩爾（John M. More）、歐爾森（Ingrith Olsen）合編孫克勤譯：《最新生物學（下）》，(臺北：徐氏基金會，民六十八年)，P.199。

　　1963 年斯里蘭卡的生化學家龐南培魯馬（Cyril Ponnamperuma），也做類似米勒的實驗，他用電子光束做為能量來源，結果形成了腺嘌呤。接著他和生物學家馬利那（Ruth Mariner）及生物學家莎岡（Carl Sagan）繼續把腺嘌呤加入核糖溶液中，並置於紫外線下，便形成〝腺嘌呤核苷〞（adenosine），如果加入磷酸鹽，則會形成〝腺嘌呤核苷酸〞（adenine nucleotide），再加上三個磷酸鹽基就出現對生物組織能量操作機制非常重要的〝腺嘌呤核苷三磷酸〞（Adenine nucleoside TriphosPhate，簡稱ATP），如果再把可能存在於史前時代的氰胺（CNNH2）和乙烷（CH3CH3）加到混合液中進行此類實驗，還會產生其它種類的產物。所以毫無疑問的，原始海洋和大氣中可以採這種方式進行物理和化學的變化，而製造出〝蛋白質〞（Protein）和〝核酸〞（nucleio acio），這兩種物質是生命的發生與延續所必備之要素。

　　在沒有生命的海洋裏所形成的化合物，會因沒有生物把它們消耗掉而逐漸累積，且在原始的大氣中也沒有氧化分子，使游離的氧氣分子遭到破壞，唯有紫外線和輻射能會對這些化合物產生影響。不過，海洋的流動能把大部份的物質帶到安全的海水中間層，以避開表面的紫外線照射及海底的放射性。龐南培魯馬估計，在原始海洋中約有百分之一是這些有機化合物，如果正確，那質量將會超過一百萬億噸，如此驚人之質量顯然是個很大的自然力量，即使是最複雜而未必存在的物質也能在極短時間內結合起來，更何況地球有10億年的時間來完成此一工作。[13]

　　由之，科學家深信，在原始大氣中的氣體曝露於閃電和紫外

----

[13] 見艾西摩夫（Issac Asimov）著牛頓翻譯中心譯：《最新科學入門》，（臺北：牛頓出版，民八十一年新版第五冊），P.P.212、215。

線的輻射下，會組合成簡單的有機化合物。當地球繼續冷卻時，水蒸氣就凝結而形成海洋，簡單的有機物質就在海洋中逐漸聚集此項過程，而一直持續數百萬年甚至更久的時間。隨著時間的增加，也造就無數複雜的胺基酸和醣類，胺基酸結合形成苷、嘌呤、嘧啶，醣和磷酸鹽結合成核苷酸，逐漸的蛋白質和核酸出現，具有複製能力的〝核酸分子〞也形成。而這一些具有複製能力的核酸分子便不斷的進行複製，不斷的聚集合併一起，也不斷的排列組合互相彌補對方的缺陷，在經過緩慢而漫長的歲月後，本著或然率之機會因做盲目的演化，最後終於發生具有生命的〝單細胞生命體〞。這是人類進化過程中的〝第一次大飛躍〞，如果沒有這次的大飛躍，地球依舊是一片了無生機的大地。

C.人類由來：

當地球上的第一個〝單細胞生命體〞發生於海洋後，即本著以生存為目的作物競天擇的演進。單一的生命體便足以使生命延續，並讓整個地球產生各種不同的物種，就像一個單一的種子，就能生成非常複雜的一棵大樹，並結下無數的種子以延續其生命一樣。原始海洋中的有機物形成第一個生命體後，即能以簡單的方法複製出無數個相同的生

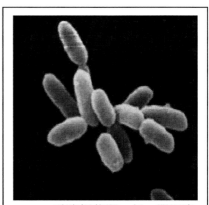

NRC-1 系鹽桿菌綱，每一單細胞
長度大約 $5\mu m$
圖片來源：《維基百科》

命體，每一個生命體含有許多種蛋白質（包括醣類）和核酸，不斷的再分為許多小體，這些小體經生長後成為新個體，如此循環不已，便可構成許多個生命系統。在這些生命系統當中，凡組織完善、穩定性大、生成快速，而且能將其特性有效的遺傳於後代

者，就能一直生存下去，並取代了其它較不能適應環境的生命系統。

那時的生命系統，是要依賴環境中的有機分子充沛供應，但隨著地球環境的改變，生出新的大氣層和臭氧層後，紫外線和輻射能的供應便斷絕或大量減少，有機化合物就不能自發的產生了，即使產生了少量，也會被已存在的生命形式很快的消耗掉。由於這些原因，今天的地球環境，已不可能再使無生物轉變為生物了。

有機分子斷絕供應後，整個生命系統便出現了飢餓的危機，為了適應這種危機的環境，某些生命系統便開始形成具有葉綠素可利用太陽的可見光，穿過臭氧層後的低能量來進行光合作用，以獲得能源補充，使生命繼續維持下去。生物學家相信，具有大約 20 億年歷史的石灰岩礁上之同心圓形的層次，即是藍綠藻類所形成者。[14]這種單細胞的藍綠藻，很可能就是具有葉綠素的生命系統所演進而來的。

而沒有形成具有葉綠素的生命系統，只好另行寄生，或從死去的組織中去獲取養分，以維持生存。當具有葉綠素的生命系統，在海洋中增殖後，二氧化碳漸漸消耗減少，取而代之的是氧分子，地球於是形成目前的大氧層，藍綠藻類這種植物細胞便逐漸的增加繁殖並含有豐富的葉綠素。而沒有葉綠素的生命系統為了生存及適應新的環境，便逐漸形成帶有精巧粒線體（mitochondria）構造的細胞，可以非常有效的分解消化掉植物細胞，取得其辛苦製造的能量，這便是動物細胞的來源。地質學家相信，美國明尼蘇達州北部的廣大鐵礦床，即是十幾億年前寒武

---

[14] 見摩爾（John M. More）、歐爾森（Ingrith Olsen）合編；孫克勤譯：《最新生物學（下）》，（臺北：徐氏基金會，1979年），P.201。

紀時細菌活動之產物，[15]這種單細胞的細菌，很可能就是沒有葉綠素的生命系統所演進而來的。我們之所以這麼認為藍綠藻是由具有葉綠素的生命系統所演進形成，細菌是由沒有葉綠素的生命系統所演進形成，乃基於藍綠藻與細菌的原核細胞構造非常類似，只不過一個含有葉綠素，一個沒有而已，故理應來自同一個祖先。

物種演進到寒武紀的階段時，植物與動物便開始分枝成為兩個系統，分別在海洋中演進發展，並構成一條新的食物鏈。植物與陽光進行光合作用，以取得能源並吸收二氧化碳放出氧，而動物以消化植物來取得能源並吸收氧放出二氧化碳，兩者間相互依存，產生一平衡狀態。我們實不得不讚歎自然界的神奇，當然在整個演進過程當中，也淘汰不少不能適應環境的弱者。

孫中山先生說：「夫進化者，時間之作用也。」隨著時間的消失，植物與動物也分別在海洋中演進，使海洋充滿著各式各樣的繁茂世界。由於植物細胞在原地就能利用陽光進行光合作用，取得能源，而動物細胞則在牠周圍的植物細胞被消化完以後，必須移動去另找食物，以至後來發展成植物是靜態的不會移動，而動物是動態的會移動。植物在海洋中的發展，因其生存的自然條件比動物要好，植物所需的生存要素水與陽光無慮，故其演進也較單純，種類也較少，其體制上之複雜程度，一直維持在藻類的構造而已。

但動物的生存條件就沒有植物那麼好，食物的獲取，都必須靠自己去尋找，在尋找過程中，較幸運的一些動物隨時都可找到植物為食，因此，就演進成草食動物。較不幸的一些動物，有時

---

[15] 同前註。

找不到植物可為食，為了生存便獵食其他動物，由於當時的植物為動物的獵食對象，故植物慢慢的減少，而動物反而大量的增加，以至尋找植物反而較困難，而獵食動物反而較容易，於是這一些找不到植物為食的動物，便試著獵補其他動物為食，因此就演進成肉食動物，當然也有些演進成植物也吃，動物也吃的雜食動物。

在這一連串的演進中，有一項最顯著的變化，即是移動之速度，為了適應環境，本著物競天擇的定律，動物之間的獵捕追殺與抵抗逃生，使這些動物在速度上產生巨大的變化，由最初的緩慢移動以至目前海中最快速的旗魚，每小時的游速可達 68.18哩。[16]當時除了用速度來作為逃生外，亦有些動物發展出堅硬的保護外殼或身上長滿刺或有保護顏色等，來作為護身符。因此，動物的演進就比植物來得複雜，種類也較繁多，有海棉類、腔腸類、腕足類、軟體類、節肢類、甲殼類、廣翼類、棘皮類以及魚類等動物。其中以節肢類如〝三葉蟲〞（trilobites）最活躍，牠們

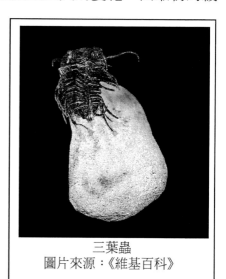

三葉蟲
圖片來源：《維基百科》

既能在海水中游泳，亦能在海底爬行，到了志留紀魚類出現並取得優勢後，海洋就變為魚類的天下，這便是海洋中物種演進的全盛時期，然此時陸地依舊是一片荒蕪。

---

[16] 見麥克威特兄弟著、時報文化出版公司編譯：《世界紀錄大典》，（臺北：時報文化，1976年），P.62。

　　海中植物與動物是何時登陸的？怎樣登陸呢？科學家依據最古老的化石研判，認為大約是在 4 億年前泥盆紀之時候登陸的。至於是如何登陸的，科學家則未提出解答，只知植物必先於動物登上陸地，因植物是依靠水和陽光就能生存，這樣的條件在陸地上並不困難，而動物必須依靠植物或其牠動物為食，在荒蕪不毛的陸地，動物根本無法生存。由此認定，植物必先登陸後，動物才有可能生存下去，但植物是不能移動的，它如何移居陸地呢？這便是科學家難於提出合理解答的地方。科學家又認為：海中生物的移居陸地，可能起自食物爭奪及海中空間擁擠所致，[17]但生物演進是要經過非常漫長的過程，才能產生適應新環境的後代，海中動物一下子離開牠賴以生存的海水，並要在完全缺水的陸地上繁殖演進，這是否可能？別說繁殖，就牠本身離開海水後，還能存活下去都成問題。

　　再者，動物並沒有能力去改造環境，只能被動的去適應或選擇環境，如果可以選擇，牠們會選擇較容易生存的地方，如果無法選擇，牠們只好被迫的去適應，於是就會產生演進的結果。以當時情況，縱然是食物的爭奪或空間的擁擠，都不及在陸地求生存那麼的困難，海中動物會作這種選擇嗎？這是令人存疑的事，更何況海洋占整個地球的 70%以上，有非常廣大的生存空間。所以筆者認為，有另一種可能性較能合理的解釋，即〝地殼變動〞把海洋的一部分變成陸地，也把陸地的一部分變成海洋。這個變動將會把海洋中的植物與動物（尤其是寄生在植物上的動物）一起帶上陸地，迫使牠們不得不去適應陸地的環境，並各自演進發展，形成今日繁華的世界。

---

17 見艾西摩夫（Issac Asimov）著、牛頓翻譯中心譯：《最新科學入門》第七冊，（臺北：牛頓出版，1992 年），PP.41、42。

　　雖然，地殼變動的發生已是幾億年前的事，但我們可從一些跡象得到證明。如沉積岩、動植物的化石以及地質學等。我們都知道地球的表面有 70%左右是海洋，而陸地僅占約 30%而已，在這 30%的陸地表面上，有 75%是被沉積岩所覆蓋。沉積岩主要是在水中，尤其是在海洋中形成，這說明目前的這塊陸地，過去曾是海洋；在沉積岩中還會有動植物的化石，根據牠們本身出現先後的規律，可以判斷某一地層形成的時代及海陸分布的狀況。在大約 5、6 億年前，中國境內只有一些零星的陸地塊，其它地區都是一片汪洋，以後這些陸地塊又變成了海洋。約 1 億年前，除西藏和臺灣外，全國都變成了陸地，經過幾千萬年後，西藏和臺灣變成了褶皺山脈，這也說明了地殼變動將滄海變成桑田的事實。

　　而在沉積岩石層中所存在著的水生生物化石，竟然也會出現在高山之上，〝魚龍〞是一種外表像魚的爬行動物，1 億多年前生活在海洋，中國地質工作者在喜馬拉雅山上發現魚龍化石，這說明目前全球最高的喜馬拉雅山，1 億多年前竟然曾經是適宜魚龍生活的汪洋大

魚龍和蛇頸龍
圖片來源：《維基百科》

海。這也證明高山原來是在海洋中孕育而生。[18]再者，根據地質學家的研究發現，地球表面的變化，來自於地球內部的壓縮作用，所產生移動的結果，如冰島與彼得大帝山脈的形成。地質學家依冰島周圍深度的推測認為：冰島是由二重裂口中間的陸塊，

---

[18] 見金祖孟：《地球科學概論》，（臺北：五南圖書，1992年），P.306。

即最初在格林蘭的片麻岩主體與挪威的片麻岩主體之間造成了裂口，以後從其大陸塊的下方形成融解後的矽鋁質，這矽鋁質就充實了裂口的一部分，但其它殘餘部分因為包含著矽鋁質，就像今日的紅海一樣，故在陸塊壓縮作用再度發生的時候，矽鋁質就失去與深處的連結而被擠迫上來。[19]而彼得大帝山脈在第三紀始新世的岩層也發生過褶曲，其結果升高至海拔 5.600 米高。[20]以上論證，都足以說明動物與植物的登陸，乃是〝地殼變動〞所引起的可能性。

在海中植物與動物登陸後，一個可供其演進的全新環境，終被開拓出來。植物登陸之初，由於其生存環境，沒有像在海洋中那麼好，那麼單純，為了適應這複雜的新環境，它的演進也隨之複雜起來，其種類也增加不少。陸生植物主要朝二個方向演進，其一為仍保持原有的小體型，而發展棲居於禿石表面之能力，這種情形下，濕度在某些時候很高，唯土壤和可資利用之礦物養分缺乏，這群植物便演進成蘚苔類。其二為另一群植物則為適應缺水的環境，便不斷發展其輸導及支持組織，並生出真葉，循此一方向就演進為蕨類和裸子類等植物，於是形成陸地上的特有景觀。

而動物則在海洋變成陸地的緩慢過程中，慢慢地適應了其愈來愈缺水的新環境。當隆起部分愈接近水面時，水就會愈來愈淺，以至無法游泳，有鰭的動物（如魚類）只好利用鰭部來滑動，去尋找食物，腸道上也演進出可以裝空氣的囊袋，也就是簡單的肺。由於沒有足夠的水深當浮力，這些動物的身體就慢慢地形成脊索來支撐，久而久之便產生有脊索的動物。再經過一段相

---

[19] 見惠格納（Alfrod Wogonor）著、沐紹良譯、王雲五主編：《大陸移動論》，（臺北：臺灣商務，1983年），P.78。
[20] 同註17，P.82。

當長的時間演進，這些動物的鰭部便發展為四肢，能慢慢地在陸地上爬行，於是出現了爬蟲類。這時從海洋隆起的新陸地已完全脫離海面，爬蟲類也完全可以脫離海水而在陸地生存，牠開始到處爬行，到處尋找食物。部分的爬蟲類有時爬回海中，或寄居於陸地凹洞所形成的水池或湖泊裡，有時也爬回陸地生活，於是形成兩棲類。當然，還有很多其牠動物也隨著地殼變動在陸地上演進發展，形成各式各樣的種類，如寄生在藻類上的海生動物，就演進為昆蟲類，也有一些動物不能適應新環境而遭到淘汰滅絕。

在二疊紀時期，由於地殼持續的變動，高山不斷從海洋中隆起，使得海洋環境產生很大的變化，原為溫暖的海水，愈變愈冷，這種變動造成許多海洋生物滅絕。滅絕的原因可能是牠們突變和重組的速率，來不及演進成新的族群，以適應新環境所致。而陸地環境亦產生很大的變化，高山會改變風的動向，也使雨水的分布產生變化，陸地已不復是低而被單純密林所覆蓋的形態，它出現了高山和平原，沼澤和沙漠等，而且形成各種不同的氣候，因此構成種類繁雜的棲所，也為爬蟲類提供許多生存及發展的機會。在登陸初期，爬蟲類與兩棲類的發展大致相當，但自從環境重大改變後，由於兩棲類受到產卵必須產在水中，及幼體須在水中進行發育的限制，使得牠們的生存空間只能限於有水周圍，因此便逐漸的衰落。而爬蟲類則因可在陸地上產卵並繁殖的優勢，生存空間不受任何限制，故牠們就大大的發展起來而雄踞整個陸地。

陸地植物也隨著新環境而有重大改變，由最早登陸的藻類，演進為蘚苔類、蕨類及裸子類等，再發展為石松類與木賊類等。而現在的森林已被蘇鐵類、銀杏類、松柏類、裸子類和開花類等各式各樣的植物所取代了；植物蓬勃發展，將帶給動物無限的生機。

　　爬蟲類在陸地取得優勢以後，牠的演進也有新的發展，從體型微小的以迄體積龐大的〝恐龍〞因應而出。其中有的演變為飛翔性爬蟲，就是後來的鳥類，有的演變為哺乳類，有一些為肉食性，另有一些為草食性，當然也有一些為雜食性，真是五花八門，種類繁多，這是爬蟲類在白堊紀的演進達到前所未有之階段。但是，當牠們發展到最高峰的時候，為什麼會在短時間內突然滅絕呢？尤其是恐龍類。根據科學家的說法，乃由於流星撞擊地球所致，使地球將近 75% 的生物種類，在同一時間內死於這場〝大浩劫〞（the great dying）[21]。

暴龍重建模型位於波蘭華沙
圖片來源：《維基百科》

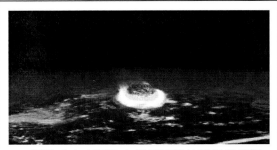

一顆幾千米直徑的小行星撞擊地球視覺模擬圖，這樣的撞擊可以釋放相當於幾百萬枚核武器同時引爆的能量。
圖片來源：《維基百科》

---

[21] 大部分科學家推測這次滅絕事件是由一個或多個原因造成，如小行星或彗星引起的撞擊事件或長時間的火山爆發，希克蘇魯伯隕石坑等隕石坑，及德干暗色岩的火山爆發與白堊紀—古近紀界線時間相近，被認為最有可能是這次滅絕事件的主因：撞擊事件或火山爆發將大量灰塵進入大氣層中，遮蔽了陽光，降低植物的光合作用，進而影響全球各地生態系，但也有少數科學家認為，這次滅絕事件是緩慢發生的，而滅絕原因是逐漸改變的海平面與氣候。

　　不過滅種與死亡是自然界的一項偉大傑作，它在生物演化上，顯示了一項重要的法則，即是滅種是為新種鋪路，死亡是進化的階梯。如果沒有清除舊種，新種便無從發展，如果沒有死亡，進化便無從邁前，進化是由無數生命的犧牲累積而成，就像長江後浪推前浪一樣。所以爬蟲類大多數的滅絕後，反而為哺乳類帶來了發展的生機。在大浩劫之前整個陸地幾乎都被爬蟲類所佔據，哺乳類根本沒有發展的環境，大浩劫之後，哺乳類就有機會利用陸地的空間而發展起來，並成為陸地的霸主。

　　哺乳類雖由爬蟲類演進而來，但牠們能逃過這場大浩劫，應歸功於牠們在演進過程中所形成的兩項特有性能，其一為具有比爬蟲類效力高的保護能力，以抵抗環境中溫度之變化；其二為牠們經常照顧其卵和幼體，不論環境變化如何，哺乳類均能保持一定之體溫（毛髮之絕緣作用），且大多數的雌性會將卵保存於體內，以進行胚胎發育產出幼兒，產出後愛護備至，並由乳腺分泌乳汁哺育之，所以牠們能安全躲過這場浩劫。而其它大部分的動物則無特殊性能，無法適應流星撞擊後，大量物質噴灑到大氣層中，然後慢慢落下遍佈整個地球，大量灰塵又升到平流層，籠罩大地，使陽光無法照到地球表面，溫度驟降等的變化，便造成大量死亡。這也證明物競天擇，適者生存，不適者淘汰的鐵則。當然也有小部分僥倖的逃過這場災難而繼續發展，如鳥類等。

　　浩劫之後，哺乳類的發展便朝向三大類進行，即卵生哺乳類、有袋哺乳類和胎盤哺乳類。茲將這三類大致分析如下：

A.卵生哺乳類（原獸亞綱 prototheria）：

　　這類動物的繁殖是產蛋的，蛋內的胚早在下蛋之前就發育完成，下蛋之後很快就孵化。如：居住於澳洲及其鄰近島嶼上的鴨嘴獸等。

B.有袋哺乳類（後獸亞綱 metatheria）：

這類動物的繁殖，在發育早期即行產出，再進入母體腹部的育兒袋中，吸取乳汁的營養，以完成整個發育過程。如：澳洲的袋鼠和新大陸的負鼠。

C.胎盤哺乳類（真獸亞綱 eutheria）：

這類動物的繁殖，是具有胎盤的特徵，是一種佈滿血管，由母體供給胎兒營養和氧氣，並攜走廢物的構造，使胎兒能在母體內停留好長一段時間，等發育完整後再產出。如：人類、鯨、象等，目前我們所看到的哺乳類動物幾乎都是。

在這三類當中，又以胎盤哺乳類最佔優勢，遍佈最廣，演進的種類也最多，計有十一個目：

食蟲目--鼩鼱等。

翼手目--蝙蝠。

食肉目--貓科、狗科、貂、熊、海豹等。

囓齒目--老鼠、兔子、松鼠、天竺鼠、海獺等。

貧齒目--樹獺（有齒）、犰狳（有齒）、食蟻獸（無齒）。

偶蹄目--有蹄，每蹄的趾為偶數，如牛、羊、山羊、豬、鹿、羚羊、駱駝、長頸鹿等。

奇蹄目--有蹄，每蹄的趾為奇數，如馬、驢、斑馬、犀牛等。

長鼻目--象。

齒鯨目--抹香鯨。

鬚鯨目--藍鯨、露脊鯨等，用鯨鬚濾取海水中的食物，看來像是一撮的鬍鬚長在口腔頂上。

靈長目--人類、猿、猴、猩猩等。

　　不過，在這十一個目當中並非是全部同時演進的，如海獺、海豹、海豚、鯨魚等是在海洋中演進出來，而靈長目的猴、猿、人類等，有些科學家相信是由食蟲目的鼩類演進而來。因鼩類具有一些與靈長目相同的特徵，尤其是亞洲產的樹鼩與猴類中的狐猴，兩者之間的差異非常小，除頭部以外，不管是生理結構或外觀形態都非常相似，實不難看出牠們之間的血緣關係，以至生物學家在分類時經常把牠們同編在靈長類中。

環尾狐猴
圖片來源：《維基百科》

　　"狐猴"出現後，可能是為了逃避其牠動物的捕殺，或是基於食物大部分在樹枝上的需要，而形成具有能握物的手腳及由叢毛狀的尾巴來保持在樹枝間跳躍的平衡，以至獲得在樹枝上相當成功的演進經驗。隨著時間的變化，慢慢的就演進成一種似猴非猴，似猿非猿的猴猿，再進而形成猿類，當然也有另一部分往現代猴類方向進行，如新世界猴或舊世界猴。

　　最早形成的猿類大概就是埃及猿，顧名思義就知道牠是在埃及發現的化石，猿類由於要適應中新世時期，地球上發生地質斷裂和氣溫下降的現象，使得覆蓋大部分非洲和歐亞陸塊的熱帶林發生變化，形成了草原和莽原。這一些原野像湖泊和海洋一般的遼闊，把濃密的森林隔絕了，於是在森林與草原接觸的邊際上就形成了演進的新環境。猿類為生存上的需要，便逐漸的擴展到地

面上活動，因此，直立的姿勢就愈來愈多，全身各部分的生理構造，也趨向於協調一致，腿骨加長、腳底變扁平、掌心內陷，脊骨、頭骨變形，而腦容量也逐漸增加，慢慢能直立並大步行走，於是演進成另一種似猿非猿，似人非人的〝人猿類〞，同樣的也有一部分是往現代猿類發展，再度回到森林如：長臂猿、猩猩等。

物種發展至此，不管海洋或陸地到處都充滿生機，種類之多更是前所未有，也形成草食動物以植物為食，肉食動物以草食動物為食，雜食動物以植物或動物為食，植物以陽光、水、土壤維生，動物所排泄的廢物又為土壤吸收成養分供給植物成長。而水則由海洋經太陽的照射，蒸發至雲

人猿類之南方古猿
圖片來源：《維基百科》

層，遇上冷氣團後則形成水滴，落到高山、平原，植物和動物便各取所需，剩餘的又經由河川匯集至海洋，如此循環不已，相互依存的構成一條食物鏈。其速度的演進上，亦依獵捕追殺及抵抗逃生的方式進行，從最初的緩慢爬行至今日獵捕者最快的速度為：出沒於東非大平原的貓豹，每小時可達 60 哩；而逃生者最快的速度為：美國西部的叉角羚羊，每小時可達 35 哩。[22]當然除速度外，亦有其牠動物發展出各式各樣的逃生方式，如猴子有矯捷的身手，可在樹枝上攀爬，野牛成群抵抗外侵者，長頸鹿具有花紋，可矇騙敵人等不一而足，這一幅景象，便是陸地物種演進的全盛時期。

---

[22] 見麥克威特兄弟著、時報文化出版公司編譯：《世界紀錄大典》，（臺北：時報文化，1976 年），P.43。

緊接著，便是人類進化過程中的〝第二次大飛躍〞，也是生物演化史上另一次的關鍵時刻，這個時刻就是〝人類的誕生〞。隨著時間不斷的前進，人猿類也不斷的進化，腦容量愈來愈大，智慧也愈來愈高，而雙手也由於不再擔任行走的任務而發展出具有製造與使用工具的能力，於是逐漸脫離獸類，成為萬物之靈的〝人類〞，並取得優勢統率萬物。人類若不出現，則宇宙茫茫，至今依舊是自生自滅的混沌世界，沒有今日之繁華。[23]

繁華臺北
圖片來源：《維基百科》

古生物藝術家維克多－迪克（Viktor Deak）所塑造的原始人類 3D 模型在美國公共廣播公司 11 月份的頻道節目播出。
圖片來源：《百度百科》

---

[23] 有關生命起源及人類進化的詳細論證，請見筆者所著：《人性、環境、行為之互動說》，(臺中：天空圖書，2017 版)。

D.生死源由：

上帝之精神、物質二體雖被分離，然精神、物質本為一元，兩者之間自有一股內在關聯性之無形的牽引力量[24]，牽動著精神體與物質體的結合而為一元，精神體方能藉由物質體行使其意志力。但由於物質體經過長期的演化而成各種不同的形體，今日的萬物，如各類植物皆有不同的形體，各類動物亦如此。精神體在行使意志力時，便受到其形體的功能性所限，像飛機只能飛於空不能駛於陸，車駛於陸而不能行於海，而舟行於海不能飛於空。所以，精神體雖萬備具足，卻受到形體的限制而不能完全發揮，這也是人類有無限潛能的原因，而這種潛能將會隨著形體的進化而慢慢發揮出來，終回歸到上帝本身。

其中之〝靈識〞與〝形體〞的記憶體，有如電腦中的唯讀記憶體（Read-only memory，ROM）與隨機存取記憶體（Random-access memory，RAM）。唯讀記憶體一旦在其體內燒錄了資料就無法再被改寫或刪除，用來儲存特定功能的程式及作業系統等，也就是靈識的記憶體是用來儲存我們人生中的特定善惡，或重大事件的資料，不會因為電源關閉(死亡)而消失；隨機存取記憶體則是可以隨時讀寫，是作業系統或其他正在執行中程式的臨時資料儲存媒介，用來載入各式各樣的程式與資料，以供中央處理器直接執行與運用，也就是形體的記憶體是用來載入我們日常生活的資料，電源關閉(死亡)所有資料便消失。

而精神體來自於上帝本身，原就潔淨清明，但因受吾人累世所作的業障所矇蔽牽引，以至迷失自我，隨波逐流的輪迴於人世間，生生死死不已。這就好比吾人移居國外，歷經幾代後，我們

---

[24] 牽引力量係指一股非吾人感官知覺所能察覺的無形力量，牽引著相續不斷而生起的一切世間現象，導引著吾人累世善惡、因果循環而生死流轉不已。

子孫便會忘記他們的血統源自何方？若要他們回歸，就需要有人提醒說明，或自行尋根，方能回到原來的地方。所以，要本體（精神體）回歸上帝本身，必先讓本體能〝明心見性〞，恢復原來的潔淨清明；要恢復原來的潔淨清明，則要斷其業力牽引，才不至於牽引著一切恩怨情仇，生生死死的輪迴於人世間；要斷其業力牽引，首在業障不留本體的意識內，業障不留在本體的意識內，唯一方法就是不製造業障，如何做才不會製造業障呢？那就是凡事以〝良心〞做為衡量標準，凡讓人感到良心不安之事，則不做；凡讓人感到心安理得之事，則盡量為之，因吾人的良心即來自上帝的本性。所以逆良心者是業障的產生，順良心者是業障的消除。這就好比本體是一顆〝明珠〞，而業障有如〝灰塵〞，明珠若不能時時去擦拭，日子久了自然蒙上厚厚一層灰塵，讓人看不出它是明珠。但明珠就是明珠，始終不改其本質，只要有耐心的將灰塵擦去，它依舊散發出潔淨明亮的光彩。吾人若能明白這個道理進而實踐者，相信他在辭世的那一瞬間，必能了無牽掛，帶著微笑回歸到上帝本身，這便是佛家所謂的〝超生了死〞。

　　一元上帝是精神體與物質體的統合，原本潔淨清明的至善。後因內在元素失去平衡而發生大爆炸，使得精神、物質二體分離。精神體具能量，可以行使意志力，可穿越任何空間，來去自如，不需養分而長存不滅，故能保有原本潔淨清明的至善，這便是孟子所見：「*見孺子將入於井，皆有怵惕惻隱之心。*」的〝良心〞。而物質體會隨著環境而演化，需要養分來支撐，故在形體演化的求生過程中，因食物養分來得不易，於是產生彼此間的爭奪，最終形成自私的本性，也就是自然屬性的求生本能，這便是荀子所見：「*從其性，順其情，安恣睢，以出乎貪利爭奪。故人之性惡明矣，其善者偽也。*」」的〝情慾〞。

　　物質體之自然屬性雖是〝性私〞，但它可分為兩類：一為非人類(禽獸)，二為人類。非人類因沒有社會屬性的道德標準來約束，所以沒有善惡之分；而人類因有社會屬性的道德標準來約束，所以才有善惡之分。因此，人類要說其善惡，必須加上社會屬性才可以論斷，符合當時的社會道德標準者，即是〝善〞；不符合當時的社會道德標準者，即是〝惡〞。而社會道德標準是後天形成，會隨著時間與空間的不同而有所差異，古之中國，今之阿拉伯，一夫多妻是地位的象徵，是合法與良善；今之中國，以及多數國家奉行一夫一妻制，兩個妻子以上便是違法與劣行。

　　有關人性善惡問題，古今中外不管主張性善者或是性惡者，抑是中性、善惡混等者，皆只見其一面，而非其全貌，故爭議不斷，各說各話，莫衷一是。如以科學為依據，從宇宙生成、生命起源、人類由來，以至人性的形成來加以探索，我們將可見到人性的全貌。

2.大道無名：

　　老子（前571年－前471年）曰：「大道無形，生育天地。大道無情，運行日月。大道無名，長養萬物。吾不知其名，強名曰道。」吾謂：「大道無名，存乎於心。」意即本信仰沒有〝名〞沒有〝相〞，只要存在心裏，時時奉行，如同三餐，自然而然。故沒有也不需要〝名稱、經典、教義、祭拜、儀式，以及組織、管理〞等，任何強加，皆屬多餘，也不足以詮釋本信仰之宇宙真理。

老子
圖片來源：《維基百科》

本信仰企圖以全民為對象，跨越宗教藩籬，打破社會階層，不論高官學者，抑是販夫走卒，皆能感動而共鳴。因此，本信仰將以〝合理性〞、〝邏輯性〞，以及〝科學性〞為依據，並採各家典籍做為劇情表達，重點在於〝通俗化〞與〝生活化〞，讓各階人士從生活中，即可獲得驗證，進而深信其真理。賦詩一首，以作為說明的順序：

果隨業力就因緣！

生死流轉一線牽。

眾生迷航彼是岸！

盡心放心真如顯。

卷一　果隨業力就因緣

　　〝宇宙〞確實存在多久，以人類的智慧是無法知道的，然而我們所居住的地球，根據科學家以〝鉀－氬年代測定法〞（Potassium-Argon dating）[25]，所探測的結果，至少也有四、五十億年之久，相較於我們的壽命，可見人類還真是渺小。因此，宇宙的浩瀚無窮，不是我們人類的知識，所能詮釋，現在的科學固然很發達，但也無法全部印證，宇宙的各種現象，我們看不到的，或摸不著的東西，並不代表它們不存在，就像電波一樣，既看不到也摸不著，但我們聽到收音機的廣播，便可確定〝電波〞是存在的。所以，不管宗教說宇宙萬物是由上帝創造的，或是科學說宇宙萬物是由自然演化的，我們只能尊重，不能妄加批評，因為這些說法，以現代的科學，還是無法證明它是對或是錯，都有它的可能性，所以我們要以敬畏的心來看待。

---

[25] 鉀-氬年代測定法（Potassium-Argon dating），簡稱鉀氬法、K-Ar 測年（K-Ar dating），是在地質年代學和考古學中，利用放射性來測定年代的方法，它是利用鉀（K）的同位素會經由放射性衰變變成氬（Ar）的性質來測量；鉀是一種常見的元素，存在於在許多物質中，如雲母，粘土礦物，火山灰，40Ar 存在於液態的岩石時，會因高溫和流體而逃脫至大氣中，但當岩石凝固（再結晶）時，40Ar 便會依舊從 40K 衰變，並隨日子流逝而增加，而且無法逃脫出來，通過測量 40K 剩餘量的比例來計算從結晶到現在的時間長度，40K 有很長半衰期，使用的方法能計算年齡長達幾千萬年以致於上億年的樣本。

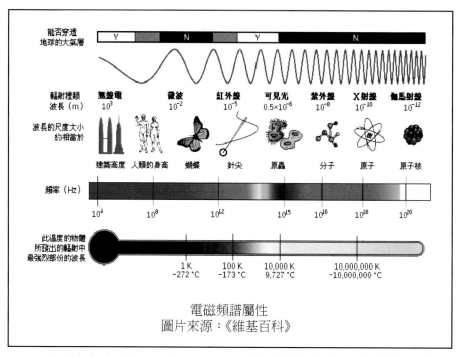

電磁頻譜屬性
圖片來源：《維基百科》

而生命的起源、人類的由來，雖已獲得科學家的印證，但人類生死問題，各宗教雖有不同的主張，卻無法通過科學的檢驗，至今仍是個謎，流於信者恆信，不信者還是不信的窘境。〝真相〞只會是一個，不會有多個，可見對人類生死問題並能通過科學檢驗的詮釋，還有待吾人的努力。

人類生死的問題，若不能找出真相，則宗教信仰的詐騙、衝突等事件，將層出不窮；而生死問題乃吾人一生的困惑與不安，尤其是面臨死亡的驚恐，更讓人手足無措，不知如何是好？不管是富貴、貧賤，高官、平民者皆是如此。幸福是建立在〝踏實〞與〝心安〞的基礎上，可見人類生死的問題，若不能解惑，吾人便無幸福可言，此即筆者所要努力的方向，也是筆者的因緣。

卷二　生死流轉一線牽

　　以人類的智慧雖不能窺知宇宙的奧秘，但我們在宇宙的現象界中，卻可以發現，萬物是由〝精神體〞與〝物質體〞所構成。精神體也就是我們俗稱的〝靈魂〞，正確應該叫做〝靈識〞，它沒有物質形象，沒有聲音或味道，也不會消失，具有〝能量〞，可以穿透空間的界限，具有意識，可以行使意志力，而且是萬備具足，不假外求；而物質體是萬物之基本元素，可以組合成各種我們俗稱的〝身體〞，正確也應該叫做〝形體〞，它則是有形有相，所以不能穿透空間的界限，它的成份，最少也有現今地球已發現的118種元素所構成，還未發現的可能也還有，根據科學上的〝物質不滅定律〞[26]原理，它們也是不會消失，只會做形體轉變而已。而這些元素，具備了生成宇宙萬物的基本條件，就像人類的身體，是由碳、氫、氧、氮、磷、硫等多種元素所組成一樣，它會隨著

人類的身體
圖片來源：筆者自製

---

[26] 〝物質不滅定律〞，也就是質量守恆定律（law/principle of conservation of mass），是自然界普遍存在的基本定律之一；該定律指出，對於任何一個物質和能量的所有轉移都封閉的系統而言，系統的質量必須隨時間推移保持不變；又因系統質量不能改變，所以系統的量既不能添加亦不能移除，據此質量的量值隨著時間變化並不改變而是守恆的，這意味質量既不能被創造也不能被破壞，儘管它可能在空間中重新排列，或者與之相關的實體可能在形式上發生變化，例如在化學反應中，反應前化學成分的質量是等於反應後分子的總質量；該定律由俄國化學家米哈伊爾‧羅蒙諾索夫（俄語：Михаил Васильевич Ломоносов，1711 年—1765 年）和法國化學家安東萬‧拉瓦節（法語：Antoine-Laurent de Lavoisier，1743 年—1794 年）分別獨立發現了化學反應中的質量守恆。

時間、環境等外在因素，或兩種以上元素的結合、碰撞等內在因素，而演化成各種不同的形狀，以至今日各類動物、植物等皆有不同的形體。

靈識與形體兩者之間，會因為前世或今生的因果業力，形成一股無形的〝牽引力量〞，而牽引力量就像我們想〝家〞一樣，不管我們身在何方，家總是牽引著我們對它的思念，最後落葉歸根回到它的懷抱。所以，這股牽引力量，會隨著因緣聚散，牽動著靈識與形體之間的結合與分離，結合時就是〝生〞，靈識便能藉由形體來行使它的意志力，讓我們看到生命的存在；分離時就是〝死〞靈識便無法藉由形體來行使它的意志力，我們便知道生命已終止。

靈識雖然能藉由形體來行使它的意志力，但由於物質體，經過長期的演化而產生各種不同的形體，便會受到它的形體功能性所限制，就像我們人再厲害，但他開

月亮還是故鄉圓
圖片來源：筆者自製

牽引力量
圖片來源：筆者自製

的是飛機，就只能飛在天空上，開的是汽車就只能在陸地跑；牛的力氣再大，也只能拉車犁田，不能爬樹，猴子很會爬樹，卻不能犁田。所以，我們的靈識雖然萬備具足，卻受到形體的限制，而不能完全發揮。

至於人類有生死的更替，乃因為我們的形體軀殼有形有相，必然會受到環境的制約。人類自精子與卵子結合受胎而生，歷經童年、少年、青年、中年，以及老年的轉化，最後死亡回歸塵土，就像基本元素二個氫（H2），一個氧（O）的結合而成為水，水受熱而變為水蒸氣，水蒸氣遇冷而成為水，水在攝氏零度以下時即變為冰。形體雖然受到環境的制約，由液體而氣體而固體的轉化，但它的本質H_2O元素，卻沒有改變或消失。所以，我們人類的形體雖然受到環境制約而老化，最後轉化歸於塵土，但本質碳、氫、氧、氮、磷、硫等元素，也沒有改變或消失。

當靈識離開形體以後，便會隨著業力的牽引，等待與另一形體結合，繼續行使他的意志力。這就好比我們(靈識)開一輛汽車(形體)，車子的起動、行走、方向，全由我們去指揮控制，當車子壞掉(生病)，我們會去修理(看醫生)，不能修理則報廢(死亡)，再找另一輛車子來開的道理是一樣。而我們為何會找這輛車，喜歡這輛車，它的原因便是牽引的力量所引導，而這股牽引力量的形成，則來自我們前世今生的業力所造成。因為我們生在人世間的每一世所做所為，都會留在靈識的意識內，牽引著死後上天堂去享樂，或是下地獄接受審判受苦，等待因緣成熟時，再尋找下一世所要寄託的形體，這個形體可能是人，也可能是畜牲，或是其牠生物類，端看我們個人前世的所做所為來決定。所以佛教會說：「欲知前世因，今生受則是；欲知後世果，今生作則是。」便是這個道理。

　　因此，當我們瀕臨死亡的時候，留在我們意識內的所做所為，便會開始釋放，就像幻燈片一樣，一幕一幕的從小到大快速的播放，釋放完成後，靈識便離開形體，生命也告終止，靈識便隨著業力牽引上天堂，或是下地獄。

天堂　　　　　　　　　　　　地獄

圖片來源：筆者自畫

　　人剛死會留戀他生前的親情、財富，以及功名等，故遲遲不肯離開他的住所及親人，但他的靈識無法藉由形體來行使它的意志力，所以沒有辦法與我們溝通講話，但我們為他傷心哭泣，甚至所做的每一件事，他都知道。接著他會去處理他生前最掛念或未了的事情，在死後第七天，也就是俗稱的〝頭七〞，會再回來探視親人。之後如果沒有業力牽引的人，就可以超生了死上天堂，回歸本位。如果有業力，便會隨著牽引力量到一個審判的地方，這個地方，儒家稱之為〝良心〞，道教與佛教稱之為〝閻羅王〞，而基督教稱之為〝上帝〞，伊斯蘭教則稱之為〝阿拉真主〞，這個審判的地方，就像我們今日的法院一樣，依照個人一生的功過來定責。

　　儒家是入世思想不談來世。所謂的〝入世思想〞，是指一種思想或觀念，可以經營人生的謂之。所以，他的因果報應皆在現世完成，我們一生所做所為皆由〝良心〞來審判，符合社會道德

的善事，我們的良心就會感到心安與快樂，這就是道教所謂的〝仙境〞，佛教所謂的〝淨土〞，基督教或伊斯蘭教所說的〝天堂〞；違反社會道德的壞事，我們的良心就會感到不安與譴責，這就是各宗教所謂的〝地獄〞，所以儒家的天堂與地獄不在別處，就在我們心中。

而佛教是出世思想專談來世。所謂的〝出世思想〞，是指一種思想或觀念，可以解脫人生不再輪迴的謂之。所以，他的因果報應皆放在來世完成，我們一生所做所為，皆在死後由〝地府〞的閻羅王來審判，做善事的人可以上淨土，或下輩子出生在富貴家庭，享盡榮華；做壞事的人除要在地獄受苦外，來世也會出生在貧困家庭，受盡折磨，甚至墜入〝畜牲道〞不能為人。

道教則主張〝出世〞應與〝入世〞相結合，以為成就人道乃是仙道的階梯，顯示出一種強烈的濟世精神。他所追求的長生成仙的信仰，不一定要等到來世才能完成。在現世中，只要信守〝忠、孝、仁、信、和、順〞做為行為準則，修身養性，誠信待人，並以〝慈、儉、讓〞為修行三寶，力行實踐，順應天時，廣泛佈施，以利眾人，即可功滿德就，加上〝精、氣、神〞三元合一，五氣朝元，形神俱妙，便能達到天人合一，證道成真人的境界；做壞事的人除要在地獄受苦外，來世也會出生在貧困家庭，或不能為人。

而基督教的因果報應，是在死後由〝上帝〞來審判，只要成為祂的信徒，照著祂的旨意去做善事，就可回到天堂，回到祂的身邊，否則就要下地獄去受苦。

伊斯蘭教的因果報應，則死後由〝阿拉真主〞來審判，也只要成為祂的信徒，照著祂的旨意去做善事，就可回到天堂回到祂的身邊，否則也要下地獄去受苦。

以上各宗教所用的名詞雖然不同，但是他們所指向的意思是一樣的，我們在人間的所做所為，善事會受到別人的感激、社會的讚揚，我們自然會感到有如身處快樂的天堂；惡事會受到良心的譴責、法律的制裁，關進監牢，就如同置身於痛苦的地獄。

到了審判的地方以後，所有的判決都會在七七四十九天這段時間完成，親人想為死者盡點心力，不管做法事或是安息禱告等，都必須在這段時間完成，親人的孝心、情義，都會讓死者的良心得到慰藉，減少譴責，阿拉真主、上帝、閻羅王等，也會感念其親人的善念而影響其判刑，就像我們的法官在量刑，也會受到其家族善惡的影響一樣。但這只是影響，卻無法取代因果，自己造的因，一定要由自己了那個果，就像犯罪一樣，親人可以幫你向法官求情，但絕對不可能代替你去受刑，所以還是要接受懲罰，才能了斷因果。

等審判確定後，就依其功過上天堂，或回人間，或下地獄。上天堂的人，代表有功在人間，一生沒有罪業，也沒有業力牽引，故可以上天堂享樂；回到人間的人，是代表他無罪業，或功過相抵免受刑責，或有大功業，但他有因果未了等的業力牽引力量，牽引著靈識，尋找下一世所要寄託的形體，再度回到人間了斷這段因果，如此週而復始，直到沒有業力牽引，才能上天堂回歸本位；凡是下地獄的人，經過各種刑罰洗鍊圓滿後，靈識還是會隨著業力牽引，尋找下一世所要寄託的形體，來了斷因果關係，唯有了斷因果，才不會產生業力牽引這條無形的線，方能跳脫生死輪迴，回歸本位。

卷三　眾生迷航彼是岸

接著，我們以日常生活中，最熟悉的「天堂[27]、人間、地獄[28]」三度空間[29]的概念，來演繹說明業力牽引的關係：

話說，有一天晚上，有一位男生名叫耀祖，與二位同學在臺中大度路上騎著機車：

耀祖：宗仔、小鵬！我們來飆車，看誰飆得快，輸的人請吃冰。

宗仔、小鵬：好呀！

三人異口同聲大喊：衝呀！

宗仔忽然大叫：停！

軋……（車子煞車的聲音）。

耀祖：幹！什麼事情叫那麼大聲。

---

[27] 〝天堂〞一詞有二義：一為宗教上的天堂，意即人死後生命形式將存在且能享福的處所；二為比喻，環境優美、幸福快樂的地方。

[28] 〝地獄〞一詞有二義：一為宗教上的地獄，意即人死後生命形式將存在且受懲罰的處所；二為比喻，環境惡劣、痛苦悲哀的地方。

[29] 〝三度空間〞，本處乃指宇宙大爆炸時，產生了至少三層境界。第一層境界我們稱之為〝天堂〞，是〝精神體〞享樂的地方；第二層境界我們稱之為〝人間〞，是〝物質體〞所居住的地方；第三層境界我們稱之為〝地獄〞，是懲罰〝精神體〞的地方。各界皆有其時間與空間，也皆有其不同的運行方式。精神體因沒有物質形象，沒有聲音或味道，也不會消失，具有〝能量〞，可以穿透空間的結果，三層境界來去自如，具有意識，可以行使意志力，而且是萬備具足，不假外求。而物質體因有物質形相，所以不能穿透空間的結界，只能在第二層境界的人間老死，並等待時機轉化形相。

宗仔：嘿！你們看，那個馬子長得真不賴耶！（宗仔用手指著前方的女孩）。

耀祖：真的耶！我們要不要玩玩她？

宗仔：你有辦法嗎？

耀祖非常自信的說：看我的。

耀祖：等一下你們就……，知道該怎麼做了吧！

宗仔：知道了！

小鵬：沒問題！等一下就看我們的。

宗仔和小鵬於是將機車騎到前方女孩的面前停下。

雅婷嚇一跳說：你們要幹什麼？

宗仔：要幹什麼？等一下妳就知道。

小鵬幫腔著說：我們老大想請妳看電影。

雅婷顫抖的說：我…我又不認識你們，幹麼要跟你們去看電影。講就講，手不要亂來嘛！否則我要叫了。

宗仔：妳叫啊！反正這邊又沒人。

說畢，宗仔、小鵬二人即上前抱住她，並對她上下齊手。嘿！好大嘔！

雅婷：救命啊！救命，不要啊！不要，求求你們放了我吧！嗚……。

　　這時宗仔和小鵬二人聽到眼前這隻羔羊的哀鳴，突然心臟跳動加速，血脈噴張，感覺自己像一隻雄偉的獅子，有一種莫名的快感與衝動。心想：「原先只是好玩，想嚇嚇她而已，沒想到這時的興奮卻讓人欲罷不能，什麼道德！什麼律法！先盡情享樂再說。」

　　雅婷趴著在地，用非常柔弱的聲音哭喊、哀求著，可是宗仔與小鵬卻越玩越興奮，當雅婷的小內庫要被脫下的那一剎那。

　　突然！聽到一名男子喊道：快住手！你們怎麼可以當街欺侮柔弱的女孩呢？

　　小鵬：怎樣！你想管閒事嗎？想英雄救美，揍他。

　　於是宗仔、小鵬就和耀祖打了起來。

　　雅婷：不要打了！不要打，看！警察來了，你們還不住手。

　　宗仔和小鵬二人一聽到警察來了，頭也不抬的就溜之大吉。

　　耀祖問道：小姐！妳受驚了，有沒有怎樣？

　　雅婷感激的回答：沒有！謝謝你救了我。

　　耀祖：那裡！沒什麼，別客氣。

　　雅婷：啊！你額頭流血了，痛不痛？我幫你擦。

　　雅婷說完，便拿了一張面紙幫耀祖擦額頭上的血。

　　耀祖：謝謝！小姐貴姓？家住那裡？我送妳回去。

　　雅婷邊跨上機車後座邊說：謝謝！我叫許雅婷，麻煩你，我住○○大學的宿舍。

耀祖：你是○○大學的學生，幾年級？

雅婷：一年級新生，那你呢？

耀祖：嘔！我已畢業在家待業。

雅婷：對了！我還不知你的名字？

耀祖：我叫雄獅！

兩人邊騎邊聊，到了一家飲料店門前。

耀祖：口好渴！我們喝一杯飲料再走吧！

雅婷：好呀！但要讓我請客才可以。

於是叫了兩杯飲料，耀祖趁雅婷付錢時，偷偷放了三顆安眠藥在雅婷的飲料中，喝完兩人繼續上路，過了一會兒，雅婷不知不覺就趴在耀祖的背上睡著了。

當雅婷醒來時，嚇了一大跳：這是什麼地方呀？

雅婷翻身下床，下體覺得好痛。

窗戶緊閉，門也鎖著，但可以確定現在是白天。

叩！叩！雅婷敲著門喊道：開門啊！開門。

不論雅婷如何的叫喊，還是沒人理會。

雅婷仔細的回想，昨天晚上究竟發生了什麼事？

為什麼身上的首飾、手錶、皮包等全部不見了。自從喝了那杯飲料以後，就覺得想睡覺，好像是雄獅扶我進房間……，然後三張熟悉的面孔，不！最後還有一張陌生的面孔，身材魁

梧……，雅婷恍然大悟，大聲哭罵：「可惡的雄獅，竟然設圈套強姦我，利用我對你的感恩，你不是人……。」

雅婷不覺打了一個冷顫而痛哭失聲，除了自己的失身，還有對人性的醜陋感到心寒。

但最後那個陌生人是誰呢？

雅婷突然聽到隔壁傳來的聲音。「喂！是許公館嗎？你女兒許雅婷在我手上，你準備一仟萬贖人，下午三點在大度公墓的地方交錢，錢拿到我馬上放人，記住！不准報警，否則你就等著收屍吧！」

雅婷聽了心一直往下沉，心想：糟了！被綁架，該怎麼辦呢？

過了一段時間後，一名魁梧的中年男子推門進來，天色已有一些陰暗。「小姐！肚子餓了吧！拿去吃。」男子說道。

雅婷氣忿的大罵：誰吃你的髒東西，不要臉！強暴我，還想勒索我爸媽。

男子：你再罵！我就再強暴妳。

雅婷：你敢！

男子：有何不敢！

男子上前把她壓倒在床上，雅婷拼命的叫喊，男子便順手拿起枕頭搗住她的臉，雅婷的掙扎並沒有讓男子心軟，反而讓他更興奮。獸慾逞完後，男子突然發現雅婷再也不動了。「遭糕！死了，怎麼辦？」男子顯然有點慌張，點了一根煙，猛抽了幾下，

再慢慢吐出來，香煙裊裊，一個圈一個圈往上升，有了！嫁禍⋯。

事隔沒多久，一位農民去拜拜，還捐了錢接濟一位被遺棄的老人，回家路過大度山公墓，無意間在草叢發現一具女屍，年約十八九歲，於是報警處理，家人認屍痛哭流涕，大罵歹徒沒良心，拿了錢還撕票。法警從女屍身上找到數種毛髮與精液，再加上家長被勒索的情事，斷定是遭人輪姦而後勒索撕票。

於是找到耀祖等三位青年，三位青年也承認輪姦，但堅決否認勒索撕票，但警方從宗仔和小鵬家中搜出雅婷的首飾、手錶等物品，再加上中年男子的證明，使他們罪證確鑿，無法狡辯。

耀祖為主謀被地方法院判決死刑，宗仔、小鵬二人是幫兇各判十年有期徒刑，法官法槌一敲結案，發監執行，如有不服可以再上訴。

耀祖的父親花了很多錢，找最好的律師，但罪證確鑿，根本脫不了罪。他非常後悔沒有好好的管教耀祖，錢賺再多又有什麼用呢？早知如此，何必當初。真是：「千金難買早知道，無可奈何天知道！」從此便活在悔恨當中。耀祖的母親則到處求神問卜，最後求助自稱能知三世因果的老道士解危。

耀祖的母親說：只要能救我的兒子，什麼事我都願意做。

老道士見這位女施主年雖四十有幾了，但姿色依舊，於是掐指一算，自稱能救她兒子，但要她前往密室作法，脫光衣服，進行合體渡厄，以解除她兒子的災難。

耀祖的母親雖是高級知識分子，然人在無助的時候，最容易失去判斷力，什麼都相信，真是可憐天下父母心。最後，落得失

財又失身，兒子也沒救到，就在耀祖被槍斃的第三天，她也因傷心過度跟隨兒子走了。

雅婷在頭七過後，便帶著一股怨氣，魂歸地府到第一殿秦廣王處申冤。

※佛道兩教信仰場景

秦廣王：妳是誰呀？有何冤情？

雅婷：我叫許雅婷，家住臺北，我要控告、我要申冤，上天為什麼這麼不公平，說什麼好人有好報，您看我呢？一生規規矩矩、孝順父母，從沒做過虧心事，也經常做善事幫助別人，為何會落得如此下場？我不甘心！我不甘心！閻羅王，您要還我公道(雅婷不覺悲從中來而痛哭流涕)。

秦廣王不解，問城隍爺到底是怎麼一回事？於是城隍爺就把陽間發生過的事說了一遍，也告訴秦廣王她們的因果關係。

秦廣王：個中因果我不說妳不知道，難怪妳會怨上天對妳不公平，妳是一位非常善良的女孩子沒錯，本不該遭此橫死慘狀，是妳父親造的孽，現世報報在妳身上，妳會被人強姦，緣起於妳父親也曾強暴過他的女部屬，這個女屬下因驚嚇過度，現在還在精神病院治療中，她的母親也因此操勞過度去逝。至於妳的橫死，並沒有前後因果，純粹是那位中年男子，一時情急而新造的因，將來他還是要接受妳的果報。如果妳現在就要報仇，目前正好有一個機會，他的女兒即將出生，本王可放妳投胎為他女兒報仇去，以了這段因果，妳意下如何？

雅婷輕輕嘆了一聲：唉！冤冤相報何時了？既知因果，那敢再造因，我不再怨恨了，唯有放下，才能安心。

說畢，當下雅婷突然飄起，一道虹光順著〝天道〞衝上天堂。

雅婷眼前一片彩雲，閣樓金碧輝煌，五教聖人各派使者，前來接引，雅婷未皈依任何宗教，因此五教使者，皆企圖說服她加入他們的教派。

只聽秦廣王傳來的聲音說：女施主恭喜妳，妳終於得了正道，跳脫因果鏈，不再受業力牽引及支配，真是可喜可賀。

事隔多年，耀祖經法院三級三審，仍維持原判被槍決，母子前後一起向秦廣王報到。

秦廣王：堂下跪的是何人？

耀祖：小的是陳耀祖，家住臺中。

耀祖的母親：小的是耀祖的母親，叫徐美麗。

秦廣王：陳耀祖把你一生所造的業說明白，不容有虛假。

耀祖：是！小的出生在臺中一戶富有的家庭，父親經商，常不在家，我不知什麼叫父愛，常羨慕鄰居小孩有爸爸接送上下學，假日全家一起去公園運動、玩風箏。而母親對我則是溺愛有加，不管我要什麼她都會做到，不管是對是錯，只要我喜歡沒有什麼不可以，從來沒有人告訴我什麼是可以做，什麼是不可以做。國中的時候，老師曾經因我非禮女同學而處罰我，但我母親馬上找議員到教育局去告他，後來老師向我道歉，所以我也不覺得非禮女同學有什麼不對，從此再也沒有老師敢管教我。每天與

同學吃喝玩樂、飆車、抽煙便是我固定的生活，別人認為我是
〝敗家子〞，每天無憂無慮，其實我內心非常的空虛，並不想過
這樣的生活，除了宗仔和小鵬這兩位同學願意和我在一起外，就
沒有朋友了，我好希望有人伸出手來拉我一把。後來我用安眠藥
姦淫了雅婷被判刑，我才恍然大悟，我做錯事了，我的良心也非
常自責，但我發誓雅婷絕不是我們三人殺的。那一天晚上我們輪
姦雅婷以後，三人就各自回家了，我們當時想，等雅婷醒來後她
自己就會回家。在陽間法官冤枉我，在陰間閻羅王這一點您可要
查清楚啊！

母親抱著耀祖痛哭說：「耀兒！都是媽媽害了你，沒有好好
教導你，是媽媽的錯，媽媽對不起你啊！母親的淚水有如七月
雨，仍然宣洩不了心中的悲痛。」

耀祖也抱著母親哭著說：「媽！是耀兒不好，連累了您，辜
負您的養育之恩，希望來世還能當您的兒子，好好報答您，但您
要確記，一定要好好教導我，不要再縱容我了。」耀祖真是悔不
當初，然一失足千古恨，再回頭已無身。

秦廣王：來呀！城隍爺、土地公你們確定一下，陳耀祖所說
是否屬實？

城隍爺：陳耀祖所說句句屬實。

土地公：許雅婷確實不是陳耀祖殺害的，兇手另有其人。

秦廣王：陳耀祖你放心，本王絕不會冤枉你，陽間是人的世
界，人有七情六慾，容易感情用事，蒙蔽事情的真相，但陰間是
心靈的世界，無垢至善、純真理性，是良心住所的地方，容納不
了污點。你們的所做所為，可以欺騙天地、欺騙世人，但瞞不過
良心，你們總以為暗地做壞事沒人知道，姦殺許雅婷的人，最終

也逃不過本王的制裁。但你們姦淫許雅婷，導致許雅婷被殺，所謂：「我不殺伯仁，伯仁卻因我而死。」其罪仍不可赦，尤其你用奸計設局，罪加一等，本王理應判你到第二殿接受楚江王〝火柱地獄〞之刑，並墜入畜牲道，不得為人。但姑念你有懺悔之心，佛教說：「放下屠刀，立地成佛。」而你也想與母親再續前緣以盡孝道，孝最能感動天地，因此本王判你〝火柱地獄〞之刑，執行完後至第十殿轉輪王處，投胎〝人道〞的貧困人家，完成你與母親的心願，這樣你服不服？

耀祖：閻羅王！我不瞭解，為何我在人間已受罰，到地府還要再受罰，不是一罪不二罰嗎？

秦廣王：陳耀祖，這就是你們世人愚癡的地方，總以為在人間已受罰，到地府來就沒事了，本王告訴你，人間的人是由肉體與靈識所構成，人間罰你是肉體在承受，本王罰你是靈識在承受，怎麼會是一罪二罰呢？更何況，罪惡如果沒有經過地獄的洗滌、消彌，你的良心就無法安心，良心不安，你如何擺脫良心的譴責，只要良心還有譴責，你就無法離開地獄去投胎，了前世因果，瞭解了嗎？陳耀祖！

耀祖：那要刑罰多久呢？

秦廣王：至於要刑罰多久則因人而異，每個人的罪刑有輕有重，良心的譴責也各有不同，所以每一殿都沒有定刑期，洗滌到你的良心能安心為止，所以有懺悔之心的人刑期就比較短，無懺悔的人刑期則是遙遙無期。

耀祖：瞭解了！我甘願受罰。

秦廣王：徐氏！

徐美麗：在！

秦廣王：儒家說：「養不教，父之過；教不嚴，師之惰。」陳耀祖的父親陽壽未盡，雖然還活在人間，不過他的良心備受煎熬、譴責，也有如生活在地獄般的痛苦。而妳呢，只知一昧的溺愛子女，導致子女一再犯錯，妳也有過，也應受罰。尤其妳喜歡貂皮大衣，及由珍禽野獸作成的皮包、皮鞋等，難到你不知那也是一條條寶貴的生命，雖然說那不是妳宰殺的，但卻是因為妳們喜歡買，才會有人去獵殺牠們拿來賣啊！妳更為了滿足妳兒子的私慾，濫捕一些小動物，踐踏生命。妳可知道！當妳捕捉一隻母鳥，背後有多少隻幼鳥嗷嗷待哺，妳怎麼能這麼狠心呢？今天如果是妳兒子被殺，妳將做何感想？妳們世人為何就那麼自私，不能設身處地，多為別人著想一點呢？如果妳們能夠做到這樣，那世界不就能和平許多了，妳們不也就是生活在人間天堂嗎？所以，本王除判妳溺愛子女、不加管教的一條罪外，還要判妳踐踏生命的重罪，妳認不認罪，服不服？

徐美麗：大王！我錯了，我認罪！

秦廣王：好！那本王就判妳到第三殿服宋帝王「剝皮」之刑，讓徐氏妳也嚐嚐被剝皮的滋味，執行完畢後，投胎為陳耀祖的母親，以了他們的心願。來阿！將兩人帶下去。

鬼差：是！

徐美麗：阿！呀！(接受剝皮之刑的慘叫聲)

一日，秦廣王如往日般的在審判罪犯。

秦廣王：堂下跪的是何人？

老道士：貧道張七！矛山派人，人稱張大師。

秦廣王：專門欺騙人的張七，你可知罪？

老道士：貧道自幼拜矛山派第八十九代掌門人為師，修習矛山術，為死者超渡，為活者解迷津，廣結善緣，盡心盡力，所以貧道自認有功，何罪之有呢？

秦廣王怒責：張七！你以為你幹的好事，沒人知道嗎？你用矛山術的「瞞天過海」這招法術，企圖欺天瞞地（老道士心頭一驚，糟糕！他怎會知道？）但你騙得了別人，騙不了自己，瞞得了天地，瞞不了自己的良心，你做過什麼勾當，爾心自知，本王就是爾心的反射，你不說本王就說給你聽。

你為死者超渡，不依正途，草率了事，廣列名目，騙取財物，你也不想想看，家屬死了親人已夠可憐，你怎麼還忍心這麼草率了事，還斂財詐騙。你說你為活人解迷津，別的不說，光說徐氏為兒子被判死刑的事情，前來求助你，你見徐氏不但有錢且姿色猶存，你就起了淫貪之心，利用她對你的信任，乘機詐財騙色，她的兒子你救了沒有？更可惡的是你竟然還放高利貸，誘人向你借貸，而掉入你設好的圈套，一旦人家沒錢還，你就不擇手段找流氓去要債，你可知道，有多少人被你逼得無路可走，只能選擇自殺一途，又有多少家庭因你而破碎，你於心何忍啊！如今你還施法，企圖矇騙，然而天網恢恢，疏而不漏，你簡直罪大惡極，本王判你〝腰斬〞之刑，並墜入〝餓鬼道〞為餓鬼。來阿！帶到第四殿由五官王執行。

鬼差：是。

老道士：阿！呀！(接受腰斬之刑的慘叫聲)

※伊斯蘭教信仰場景

有一天，阿拉真主正在思考如何挽救地球暖化的問題，祂實在不忍心祂所創造的地球，與祂的門徒受到傷害。但也懊惱著：「為何我賦予生命的人們，還有那麼多人不信我的道，背地裡做壞事，實在應該給他們一點教訓，任隨他們彷徨於悖逆之中……」忽然！有一位使者進來通報說，審判庭上帶回一對夫婦，等待真主審理。

真主：凡到我這裡的人，都是信我道的門徒，遵守我給的〝經典〞行事的人，你們先報個名，我再審判你們。

男門徒：我至仁至慈的真主啊！我是阿德，榮耀的到您面前，靜候你的審判。

女門徒：我是阿丹。

真主：來！使者們，你們各自報告他們一生的功過。

使者A：阿德是中鹿信士，為人勤勞節儉，但遺棄老父，任他流落街頭，是不孝敬父母的人，……。

使者B：阿丹是彰埔信士，十八歲嫁給阿德為妻，做人尖酸刻薄，對待公婆，也是不孝，……。

真主：阿德、阿丹你們認罪嗎？

阿德：我至仁至慈的真主啊！冤枉！絕對沒有這回事。

阿丹：我的真主！我認罪，是我受惡魔引誘，我自責慚愧，我衷心的向您懺悔，懺悔……，請求真主寬赦。

真主：阿丹！念妳有悔罪自新的心，我常說：「惟悔罪自新，闡明真理的人，我將赦宥他們，我是至仁的，是至慈的。」所以，我就寬赦妳，判妳回到人間，降生在貧困人家的子女，希望妳好好傳我的道，闡明我道的真理（話畢使者們即押往等待投胎）。

真主：阿德！你竟敢欺瞞我，不認罪，你口中信我，心裡卻不信我道，你將為說謊而遭受重大的刑罰，不要忘記，我是全知全能，你除不孝敬父母，你還……。

這時阿德嚇壞了，「糟糕！真主什麼都知道。」阿德趕快向真主說：「真主！我認罪，我認罪，請您寬赦我的無知。」

真主：阿德！你刁鑽狡猾，不知悔罪自新，我就判你到地獄接受刑罰（話畢使者們即押往地獄執行）。

※佛道兩教信仰場景

不知過了多久，雅婷的父親陽壽也已終了，於是來到地府報到。

秦廣王：來者何人啊？

雅婷的父親：小的是許有義！臺北人。

秦廣王：你要自己招供在陽間的罪過，還是要由城隍爺、土地公來細數你的不是？

許有義：大王！就由我自己招供吧！自從女兒雅婷遭人姦殺後，我就知道這是報應，我自己所造的孽，卻報應在女兒身上，我太對不起雅婷了（痛哭失聲），我真是該死，女兒呀！我對不

起妳，大王！您判我什麼罪刑，我都願意，但願我心愛的女兒能原諒我。

話畢，突然一道虹光自天而降，一位美麗的仙子出現在許有義的眼前。

雅婷：爸！

許有義：雅婷！（兩人相擁而泣）。

雅婷：爸爸！您對我有養育之恩，我不怪您，您不要自責，我真的不怪您呀！

等雅婷平靜後，便向秦廣王跪下道：大王！可否大發慈悲，免去我父親的罪刑，我願以我的仙位換取我父親的罪刑，讓我們再世為父女。

許有義急忙著說：女兒！萬萬不可啊！

這時秦廣王走下審判臺，扶起雅婷說：恭喜妳證道成仙進入〝天道〞，這是千載難逢，妳萬萬不能如此。妳也很清楚，各人造業各人擔，任何人也無法取代，那一條業力牽引的線，並不會因為妳放棄仙位就消失，妳要三思而行啊！

雅婷心想：也的確是如此。

秦廣王：再說妳父親除了曾經強暴他的女部屬下，還忘恩負義的出賣過他的恩人，只為了謀取利益。

雅婷：爸！這是真的嗎？

許有義：是真的！爸爸之所以有錢做生意，就是因為出賣妳儒叔得來的，爸爸也很後悔，所以在我臨終時，就把公司全部交由他兒子來繼承，也算償還我對他的一份歉意。

雅婷知道全部事情的真相後，默默不語，為不忍見父親受刑，先回天堂為父親祈禱。

秦廣王：許有義！你自私自利、忘恩負義，還連累女兒受罪，本王念你有懺悔之心，還懂得亡羊補牢，就判你〝油鍋〞之刑，並墜入〝修羅道〞為修羅。來呀！帶去第六殿由卞城王執行。

鬼差：是。

許有義：阿！呀！(接受油鍋之刑的慘叫聲)

※基督教信仰場景

聖誕節這一天，上帝又來到〝伊甸園〞，景物依舊，然人面已非，不覺輕輕嘆了一口氣！想當初，有亞當與夏娃在的時候，伊甸園是多麼的有趣，看著他們純真無邪的笑容，上帝還真滿意祂的傑作，自己也沉醉在快樂中。但到底該不該創造人類，這是祂長期以來的困擾，怎麼人類就這樣容易受誘惑，竟然背叛賦予生命的天父，不聽旨意為非作歹，把大地搞得烏煙瘴氣，社會風氣也越來越敗壞。還好！還有相當多的人，相信祂，遵奉祂的旨意行事，而力挽狂瀾，這是唯一讓祂感到欣慰的事，祂也因此認為人類還是有救的，最終會回到祂的身邊，否則真想吹一口狂風，把一切毀滅重來。就在上帝沉思的時候，忽聞：

天使們帶來一位女記者和一位男檢察官到祂跟前報到。這兩位利用職權拿了建築商三仟萬元的賄款，雙雙到宜蘭喝酒慶祝，沒想到晚上正十二點時，路過北宜公路的九彎十八拐，不知看到什麼，車子就翻到山崖下，兩人就被天使們帶來這裡。

　　這兩位還邊走邊罵，怎麼這樣倒楣！當他們被帶到上帝跟前時，兩人都嚇了一跳。

　　女記者小聲對著男檢察官說：大智！真的有上帝耶！怎麼辦？以前我們都不相信有什麼天堂或地獄的。

　　男檢察官回說：別慌！鎮定一點，我內心雖然也很害怕，但我們一定要鎮定，我們每做一筆生意，我都設計得非常周詳、穩當，可說是天衣無縫啊！連上一次人家告我貪污，檢警單位再怎麼查，也查不到證據，更何況大家又都是同事，最後還不是不了了之嗎？（男檢察官這時還露出了得意的笑容）。

　　上帝：我的子民啊！你們先報上名來。

　　男檢察官：我仁慈的天父啊！我是您忠實的信徒，我叫尤大智！臺南人氏，在臺北地檢署服務。

　　女記者：我是吳品媚！也是您的信徒，高雄人氏，在電視臺服務。

　　上帝：尤大智！你來說說你在人間的功過如何？

　　尤大智：是！天父。我人間的父親把我命名為大智，就是希望我有大智慧能為民服務，所以我無時無刻不耳提面命，戰戰兢兢，為民申冤，主持正義，我甚至不畏強權，與上司抗衡，上司與同事雖然不是很喜歡我，但我在民間的聲望是非常好。我曾經多次為弱勢團體或百姓爭取福利、伸張正義，且偵破過無數的大案。

　　上帝：好了！善事不必多說，講講你做過的缺德事吧！

　　尤大智心想：怎麼這麼沒風度，我講得正過癮，居然不讓我講完。

上帝：不要嘀嘀咕咕了！你以為你心裡想些什麼我會不知道嗎？還不快說。

尤大智嚇了一跳，接著說：是！是。我一生謹守父親的教誨，從不敢做壞事，當然，殺死螞蟻、蟑螂是有的，因為牠們實在太可惡了，侵犯到我的地盤。

上帝：真是這樣子嗎？

尤大智：是真的！在天父面前我那敢說謊啊！

上帝：你們這些高級知識分子，自認書讀得多，比人家聰明，就自以為是，不相信因果，不相信有天堂與地獄，說謊話也不打草稿，臉也不會紅，又那麼鎮靜，說得像真的一樣。但我要告訴你，你騙得了別人，騙不了自己，你騙得了人間的法官，但你騙不了我。來呀！審判官，說一下他的罪行。

審判官：是！尤大智，臺南人氏，在臺北地檢署擔任檢察官，父親是有名的大學教授，母親是立法委員。為人聰明，生活富裕。可惜！人在福中不知福，在他承辦的案子中，竟收取賄賂款達八仟多萬元；更為了爭取主任檢察官的職位，不惜用計陷害同事。其中，臺中許雅婷一案的誤判，即是原兇透過吳品媚拿了伍佰萬元行賄尤大智，尤大智把不利於原兇的證據全部湮滅，再安排原兇出來作偽證，指控是陳耀祖等三位年輕人所為。

尤大智聽完，心頭暗驚：糟糕！我佈局得那麼隱密，他們怎麼都知道呢？

上帝：尤大智！你認罪不認罪？

此時尤大智心裡已十分恐慌，不敢像來時那麼囂張了。

尤大智：我仁慈的天父，冤枉啊！冤枉，我真的沒做過那樣的事，還望天父明察。

上帝：尤大智！你不認罪？我勸你不要聰明反被聰明誤，你還是老老實實的招來，我還可以念在是你自己招供，寬恕你。

尤大智心裡有點猶豫，想承認，但再想一下：「不行！我要死不承認，反正沒有證據，天父也奈何不了我。」想罷！心裡一橫，說：天父！我真的沒做，您叫我如何認罪？

上帝：好！你不認罪沒關係，你不要用你們人間那一套〝罪證主義〞來誆我，以為沒證據我就拿你沒辦法，今天我就讓你心服口服，不要忘記！我是無所不知無所不能的上帝，你們的生命是我賦予的。

只見上帝在空中畫個圈，尤大智看著圈內即反映出他的罪行，讓他看得心驚膽跳，兩腿發軟的癱在地上。心想：慘了！不認也不行。

上帝：尤大智！你還有何話說？

審判官：尤大智！本官再告訴你，你母親身為立法委員，到處關說，收取賄款竟宣稱是〝政治獻金〞以避刑責，尤其有些是牽涉到全民福祉的法案，實在罪大惡極。要知道，你們這些當官的，官當得越大，越該謹言慎行，因你們所講的話與所做的決定，將會影響到整個國家與人民的命運，俗話說：「錯誤的政策比貪污更可怕」，就是這個道理。你與你母親自以為做得天衣無縫，沒人知道，可真是有其母必有其子啊！你年紀輕輕，為何就歸天，那是因為你做得太過份了，連上帝都看不下去，給你的現世報，你卻不知悔改，還在狡辯。如今！你有何話說？你的母親將來也必定要受到重罰。

尤大智痛哭說：我認罪！我認罪，我無話可說。

上帝：審判官你看要判什麼罪責。

審判官：依尤大智貪贓枉法、爭權奪利，身為檢察官不知為民申冤，主持正義，還知法犯法，不知悔改，要罪加一等，故應判到地獄接受重罰，來世為畜牲。

上帝：好！照辦。來阿！帶到地獄去執行。

接著上帝又說：吳品媚！

吳品媚被上帝審尤大智一案嚇得心慌不已。心想：「這下可慘了！」並小心翼翼的回答說：有！天父。

上帝：妳身為記者，不知堅守中立，忠實報導，還煽動民心，挑起族群對立，只為了收視率，以及自身的利益，完全不顧職業道德。臺灣本是個美麗的小島，人民樸實又忠厚，就是有妳們這些少數的媒體與政客，利用人民的忠厚，興風作浪，造謠生事，廣造口業，使臺灣變得烏煙瘴氣，尤其是妳，還串通檢察官，幹起司法黃牛的勾當。

草地有牛隻正在吃草，一聽到負面批評牠們時即抗議說：天父啊！抗議！抗議。我們黃牛雖為畜牲，但我們忠於主人，辛勤工作，從不敢偷懶，我們更不會做壞事。

上帝：好！好，我比喻不當。吳品媚！妳看連畜牲都知廉恥，何況是妳們人類。

吳品媚：天父！我知錯了，請仁慈的天父，寬赦我的無知，今後我一定遵奉您的旨意行事。

上帝：好！念妳有懺悔之心，我就赦免你的重罰，判妳先到地獄去洗煉，再回到人間，降生在貧困家庭（話畢天使們即押往地獄去服刑）。

※儒家信仰場景

　　自從告別二十世紀最後的夕陽，世界末日沒發生以後，已經有很多人不談良心的事，〝良心〞這個名字也逐漸被遺忘。取而代之的是〝利益〞這個名字，現在大家都把它掛在嘴邊，不管是父母之間，或是兄弟姊妹之間，抑是親朋好友之間，嘴巴所說，心裡所想，都是這個名字，它紅得就像五月天。只有少數的人，偶爾還會想起良心這檔事。

　　大家越忘記良心，它就越忙碌，尤其是近十年來，不管是白天，或是晝夜，抑是天涯海角任何一個地方，都有它的影子，它已不像以前那麼清閒，每天都要忙著審理案子。

　　今天，心鬼又押了一個文質彬彬，風度翩翩，態度優雅的罪犯，雙方邊走邊吵，只聽那罪犯說：心鬼先生，你說就說，不要推我嘛！你沒聽人家說，君子動口不動手，你們雖為人家的衙役，但也要懂得尊師，我就是當老師的呀！

　　心鬼：哇塞！少囉嗦，給我滾進去（用腳踹了一下）。

　　良心大人：來者何人？報上名來。

　　罪犯：良心大人！在審我之前，您應先教訓您的衙役，孔子說：「人要有禮……」。

　　良心大人：廢話少說，快報名來。

　　罪犯：嘔！（心想：與心鬼一樣，都是不講道理的，真是秀才遇見兵，有理說不清。）我姓常名仰孟，景仰孟子的意思，臺中人氏，是○○國中的國文老師。

　　良心大人：常仰孟！你可知罪嗎？

常仰孟：不知！

良心大人：根據我的調查，你身為老師，理應好好的開導學生，你要知道，學生之所以為學生，就是因為他們不懂需要學習，老師之所以為老師，就是因為老師負有授業、解惑，開導學生的責任，你怎麼可以學生不聽話或家長不明事理，你就放棄不管，以至年輕人不懂事而鑄下大錯呢？

常仰孟：非也！非也。孟子說：「明哲保身」；又說「識時務者為俊傑」，古有明訓。我已告訴他們了，他們不聽關我什麼事！佛家不也常說：「各人造業各人擔」，怎麼可以怪到我頭上來，真沒道理。

良心大人：明哲保身與識時務者為俊傑是孟子說的嗎？你們讀書人，讀了一點書，就自命清高，自以為是。其實，儒家道理，你根本沒弄懂，辜負你父親命你為仰孟。

常仰孟：良心大人！你不能這麼說，不是我愛與你辯，所謂「有理走遍天下，無理寸步難行。」今天我修身養性，潔身自愛，也錯了嗎？我既不殺人，也不放火，何來之罪？老子不也主張：「雞犬相聞，老死不相往來」；不就是這個道理嘛！我在人間，大家都稱讚我的德性非常好，這一點你只要查一下也應都知道。

良心大人：常仰孟！我實在為你感到惋惜，你博覽群書，學富五車，卻沒能融會貫通，以至道理不明，還堅持己見。好！今天我就不以審判犯人的立場，用你們最標榜的學術客觀立場來與你討論，好讓你心服口服。來呀！搬一張桌子和兩張椅子，順便泡兩杯烏龍茶過來。

心鬼：是！

　　桌椅與烏龍茶很快就都安排好了，心鬼也站好，準備聆聽這場世紀辯論會。

　　這時良心大人也步下審判臺對著常仰孟說：坐下！不要客氣，請喝茶。

　　良心大人：就以你所崇仰的孟子心性來說，孟子曰：「求學問之道無他，求其放心而已矣！」你對〝放心〞二字怎麼解釋？

　　常仰孟：有如孟子自己說的：「仰不愧於天，俯不怍於人。」的意思。

　　良心大人：放心二字，你們國學大師牟宗三（1909年－1995年）詮釋為「把心放回原來的位子」，要放回原來的位子，就必須先知道原來的位子在哪裡？如此便把孟子的心性，從形而下直指形而上的本體論。再者，孟子曰：「盡其心者，知其性也，知其性則知天矣！」儒家精神之要義在於盡心，盡守本分，縱然明知不可為而為之，只不過為求一個放心而已矣！陳耀祖一案，你真能問心無愧？他就像掉入井裏的孺子，正需要你拉他一把，你卻為了他母親去告你，而不論是非，竟撒手不管，你難道沒有一點惻隱之心嗎？好！你現在摸著良心想一想，對於這件事，你的良心有沒有感到些許的不安？

　　常仰孟依照良心大人的話，摸著良心說：唉！不能說無愧啊！

　　良心大人：如果不是這樣，我也就不會在這裡跟你辯論。如果你真能問心無愧，以你的修養，你根本不會到這個地方來，你會直上天堂，就是因為你良心有所不安，業力牽引才會拉你下地獄，明白了嗎？

常仰孟非常的慚愧，自責的說：多謝良心大人的開釋，讓我終於明白個中的道理，任何處罰我都願意接受。

　　心鬼歡呼鼓掌說：大人！好厲害喔！大人萬歲。

　　這時，良心大人有點自喜的說：安靜！

　　接著又說：《老殘遊記》你該讀過吧？

　　常仰孟：讀過！

　　良心大人：清末劉鶚的《老殘遊記》第16回裏有段評論說：「贓官可恨，人人知之，清官尤可恨，人多不知。蓋贓官自知有病，不敢公然為非，清官則自以為不要錢，何所不可，剛愎自用。小則殺人，大則誤國，吾人親眼所見，不知凡幾矣。」你不覺得這樣的清官比貪官更可怕。

　　常仰孟：是！

　　良心大人：那為什麼他們敢如此膽大妄為呢？

　　常仰孟：因為他們認為這樣是對的，所以毫無顧忌。

　　良心大人：這就對啦！你就是因為堅持你明哲保身的想法是對的，所以才不能盡師道本份，及時糾正陳耀祖，導致發生這麼多悲劇。

　　常仰孟：慚愧！慚愧。

　　良心大人離開座位，步上審判臺，常仰孟也起身跪在堂下。

　　良心大人：常仰孟！你身為教師，卻道理不明，誤導學生，雖潔身自愛，廣受好評，然未盡本分，欺世盜名，實屬可惡，但念你非為本意，道理明白後，即有懺悔之心，孔子曰：「人非聖

賢，孰能無過，知錯能改，善莫大焉。」本大人就判你〝鞭撻〞之刑，並投胎人道，再給你一次做老師的機會，希望你好自珍惜。來呀！帶去執行。

常仰孟：謝謝大人！

心鬼：是！

常仰孟：阿！呀！(接受鞭撻之刑的慘叫聲)

※佛道兩教信仰場景

一日，殺害雅婷的兇手與發現雅婷屍首的農民，也都壽終正寢的來到地府報到。兇手是被鬼差押進來的；而農民則是：「大善人！請進！請進。」鬼差客氣的說著。

秦廣王見農民進來時，也趕快步下審判臺來迎接說：來呀！看座。

此時左右侍衛立即拿了一張椅子過來，秦廣王對農民說：大善人！請坐。

農民：小的不敢，謝謝大王！

秦廣王：應該！應該。大善人！你先坐在這裡等一下，待本王審判完殺害許雅婷的兇手，也就是你發現那一具女屍的兇手，再來處理你的事情。

農民：好！好，大王您忙您的，不用管小的。

秦廣王坐上審判臺後即道：堂下跪的是何方人氏？報上來。

兇手：我叫范銀郎！臺中人氏，打散工維生。

秦廣王：范銀郎！你可知罪？

范銀郎：閻羅王！我又沒做壞事，那來的罪？

秦廣王：范銀郎！你幹過的好事，瞞得了世人，瞞不過本王。

范銀郎：閻羅王！我真的沒做過壞事，不然我怎麼能活到九十歲而壽終正寢呢？這不就是最好的證明嗎？

秦廣王：范銀郎！你刁蠻狡詐，以為能壽終正寢就是沒做過壞事嗎？本王告訴你，你之所以能活到九十歲，那是因為你前生積的德，還有你祖先的陰德庇護了你，你不僅不知好好珍惜、感恩，反而謀財害命，姦殺了許雅婷，還透過女記者賄賂檢察官，嫁禍給陳耀祖等三位年輕人。

范銀郎一聽心裡暗驚，結結巴巴的說：我沒有！我沒有。

秦廣王：你沒有嗎？那一天晚上，陳耀祖三人帶著昏睡中的許雅婷，向你借住房間，你基於朋友的關係，就把租屋讓給他們，自己去住朋友家。隔天早上回來，你見只有許雅婷一人還在昏睡，你也乘機強姦了她。你從皮包發現她是有錢人家的女兒，因而起了貪念，向她父母勒索了一仟萬元，後來被雅婷醒來發現，你卻惱羞成怒再次強暴了她，為了堵住她罵你的嘴，你用枕頭悶死了她後棄屍，你怕東窗事發，還拿了錢賄賂檢察官。范銀郎！你這個狼心狗肺的東西，還敢說沒做過虧心事。

好！今天本王就讓你心服口服。來阿！將他押到〝心境反映臺〞，照照他生前的一切罪過。

鬼差：是！(即押到心境反映臺上，心境反映臺則一幕一幕的呈現范銀郎罪行)。

范銀郎見已不可能再狡辯了，只好承認所有罪行，最後被秦廣王判〝戟腹地獄〞之刑，並墜入〝無間道〞，永不得超生。

鬼差押著范銀郎來到第九殿見平等王。

平等王：這位罪犯要執什麼刑啊？

鬼差：回報平等王，要執行戟腹地獄之刑。

平等王：好！來呀！

第九殿的執行者：是！

平等王：先押去參觀一下本殿各種刑罰，然後再行刑。

執行者：是！

執行者邊帶著罪犯邊介紹：這是鐵丸地獄之刑，犯了凌辱別人的罪……，這是炙脊刑……、釘板刑……、鋸劈刑……、鐵蛇刑……、鐵汁刑……、火狗刑……，以及你要執行的戟腹地獄等刑罰。

范銀郎看到那些受刑者痛苦的哀號，以及刑罰的慘酷，早就嚇得魂飛魄散，昏過去了，然後悔已莫及。

農民在一旁直嘆！怎麼會有這麼沒良心的人。

接著秦廣王來到農民身旁說：大善人！抱歉！讓你久等了。

農民：沒關係！沒關係。

秦廣王：大善人！你一生勤儉，好善樂施，沒做過虧心事，你本該直升天堂，然因你太過〝執我〞，凡做任何善事，必會留下你的名字，好讓人家對你感恩。也就是因為人家都感恩於你，

等待時機要報答你，所以當你要上天堂時，大家一股感恩的牽引力量拉住了你，如果讓你上天堂，那他們就報恩無門了。所以今天你才會來到地府，等待下一世的投胎，好讓受你恩惠的人能有報答的機會，以了這段因果，等沒有了牽引力量，你就能回天堂。

農民：大王！那我就不懂了，如果照您這麼說，那不是要世人不要做善事嗎？

秦廣王：大善人！我不是這個意思。而是做善事不要有目的，有目的的善事，就不是善事，那是交易，各取所需，別人得錢財，你得名譽。六朝時梁王曾問達摩祖師，他五步一小廟，十步一大廟的功勞有多大？達摩祖師卻說：「沒有功勞」，就是這個意思。我們如果能發自內心，毫無目的的施善，只為不忍芸芸眾生，那是〝無我〞的境界，是大愛，是菩薩心，這才能修成正果。地藏菩薩發宏願：「眾生度盡，方證菩提；地獄未空，誓不成佛。」不為什麼，只為不忍芸芸眾生，留在生死輪迴間，所以他能成為菩薩。大善人！明白了嗎？

農民：嘔！我明白了，我明白了，謝謝大王的開釋。

秦廣王：來呀！恭請大善人到第十殿去投胎。

鬼差：是！

當大善人來到第十殿時，轉輪王已恭候在前。

轉輪王：大善人！歡迎你來本殿，本王先帶你到處參觀，然後等待時機，再送你去投胎。

農民：好！好，謝謝。

於是轉輪王帶他去參觀十殿的設施。

　　轉輪王：看！那是〝六道輪迴〞的旋轉臺，裡面有：天道、人道、修羅道、畜牲道、餓鬼道，以及無間道等六道。

　　轉輪王接著說：凡是能上〝天道〞的人，他的一生必定是積善累德，利益眾生，並且能遵守三綱五常，自身廉潔喜好公義，知禮儀守本分，也不求名利的人，這種好人一定能得到善終，可以往生天道，假如重降人間也是會出生在富貴的家庭。大善人！你就是這樣的人。

　　農民心理感到欣慰的說：那裡！那裡。

　　轉輪王又說：而能上〝人道〞的人，雖然不是積善累德，利益眾生的人，但也會是守三綱五常，自身廉潔喜好公義，知禮儀守本分的人，這種好人也必然得善終，往生人道，享受榮華富貴；或是一些守本分的人，雖不是積善累德，也不是一生遵守三綱五常，但也沒做什麼壞事。這種人也可以上人道，出生在平凡的家庭。

　　進〝修羅道〞的人，肯定做過虧心事，良心不安，但不是什麼大壞蛋，有些大壞人雖然殺人放火，但終於能夠懺悔改過自新，這種人也會進修羅道。

　　進〝畜牲道〞與〝餓鬼道〞這兩道的人，肯定是泯滅良心，不知廉恥，且無德的大壞蛋，又不知悔改之人。

　　至於〝無間道〞，則是窮兇惡極，已無藥可救的人，才會墜入此道永不超生，范銀郎就是一個明證。

　　農民頻頻點頭說：嗯！嗯。

　　轉輪王：你看那山壁上寫著：「為人容易做人難，再得人身恐更難。欲生福地無他處，口與心同卻不難。」如果我們不能為人，就很難修行，想超生了死更是比登天還難。

所以，世人要好好把握今生為人的機會，好好修行，才不負此生，轉輪王語重心長的說。

　　最後大善人感謝轉輪王的款待，並也順利出生在富貴人家。

　　以上的演繹說明，便是「天堂、人間、地獄」三度空間之業力牽引的關係，讓吾人深知為人身的困難，與今世為人的可貴。

卷四　盡心放心真如顯

奈何！世人〝愚癡〞不知為人之可貴。因人的形體，其腦部比其牠動物發達，靈識可藉其行使意志力，主導生命的方向，具有自主性、思考與判斷的能力，容易自我修行了斷因果的牽引力量，進而超生了死回歸上帝本位。而其牠動物則腦部不發達，只能依其動物性本能生存，靈識藉其形體，自然無法發揮主宰生命、思考判斷的能力，很難自我修行了斷因果，想超生了死不知何年何月，所以我們一定要好好珍惜今世為人的時機，最起碼善事多做一點，壞事少做一點，以確保來世還能為人。

聖人怕〝種因〞，凡人怕〝受果〞。但惡果已經種了怎麼辦呢？唯有〝真心的懺悔〞，在良心、在佛祖、在上帝、在阿拉真主面前，才能得到救贖與寬恕，就像犯人向法官懺悔，可得到減刑；子女對父母懺悔，可得到寬容；向朋友、向對不起過的人懺悔，可得到原諒一樣，我們的心就能安詳許多，我們的社會將會更為和諧，天堂便在你我心中，不必外求，這是能得到救贖與寬恕的唯一方法。各宗教的教義雖各有不同，但懺悔與寬恕是他們共同的主張。伊斯蘭教說：「惟悔罪自新，闡明真理的人，我將赦宥他們，我是至仁的，是至慈的。」；基督教也說：「我們若認自己的罪，神是信實的，是公義的，必會赦免我們的罪，洗盡我們一切的不義。」；儒家亦認為：「知錯能改，善莫大焉」；道教也認為：「誠心懺悔，是可以消除前世今生的罪業。」；佛教更認為：「放下屠刀，立地成佛」等，這些都是懺悔認錯的表示。可見，唯有真心懺悔，才能得到寬恕，有了寬恕，才能免其罪責不必接受審判，靈識才不會受業力牽引到地獄受苦，直接牽引尋找下一世所要寄託的形體，回到人間去了那未了斷的因緣，直到無因果的業力牽引，才上天堂回歸本位。

　　菩薩〝無我〞，眾生〝執我〞。菩薩之所以能成道，就在於無我的境界，無我則沒有指向，不能起因緣線，沒有因緣，自然沒有業力牽引，當然能超生了死成就菩薩果位。而眾生執我，以我為出發點，建立了一邊的點；凡事有目的，又建立了另一邊的點，點與點之間便產生了指向，起了因緣線，有了因緣自然產生業力牽引，有了業力牽引便墜入生死輪迴而不能自拔。這就好比捐款做善事，無我者，施恩不署名或署名無名氏，而執我者，施恩會署〇〇〇捐。接受捐款的人對施恩的人，自然會產生感恩的牽引線，牽引到有署名指向的人身上，而施恩者的意識內也記得這件事，因此兩邊之間就架起業力牽引的橋樑。等到有一天執我者要上天堂，感恩者的牽引力量會說：「我還沒有報答您，您不能走」的拉住你，你還是要接受他的報答，了這段因緣，才能跳脫回天堂。而無我者，因沒有署名，受恩者不知是誰沒有指向，而無我者施恩不圖回報，意識內也沒有這回事，所以兩邊就不能架起業力牽引的橋樑，要上天堂時就不會有牽引力量拉住你。

　　智者〝頓悟〞，愚者〝漸悟〞。昔者唐・六祖慧能（638年—713年）聞金鋼經而大悟，開啟禪宗頓悟一門。然世人多愚癡，漸悟者居多，因此〝見山是山的執我，見山不是山的忘我，以及見山還是山的無我〞修行三部曲，是我們修行所必須歷經的過程。所謂見山是山，執我的第一層境界，就是芸芸眾生以我為出發點，主觀的執著於自己所見現象界的一切現象，是非對錯非常的強烈；殊不知，自己所看到的是事物的現象，而非事物的本質，自己卻堅持所看到的是山，而不管別人看到的是甚麼？凡事以〝主觀的我〞做為衡量標準，合乎我的想法，就是對，不合乎我的想法，就是別人的錯。而所謂見山不是山，忘我的第二層境界，就是能把我拋開，但我依舊是存在的，站在制高點，以客觀

者的立場，來看待現象界的一切事物，任何事物的現象與本質非常明確，不容造假，所以能看清事物的本質，所看到的並不是表象的山，而是泥土石頭等的本質；凡事以〝客觀〞的社會道德來做為衡量標準，合乎社會道德，就是對，不合乎社會道德，就是錯，依舊有了對錯；只要有對錯的存在，人與人之間就會有矛盾，有衝突，社會自然不能和諧。而所謂見山還是山，無我的第三層境界，則是沒有我的存在，既沒有我也就沒有主觀的我與客觀的我，故凡事皆能設身處地的從〝他觀〞者著想，沒有立場也就沒有對錯，人有了立場，不管是主觀或是客觀，就會以這個立場來衡量事物的標準，因此產生了對錯的現象，有了對錯就難見容於別人的意見，世人紛爭因而不斷，業力牽引自然產生；所以，無我可融合別人的立場、任何人的意見，可容入天亦可容入地，進而與天地為一體；就如宋・蘇東坡（1037年－1101年）自謂：「如行雲流水，初無定質，但行於所當行，常止於所不可不止。」這種初無定質，隨流賦形，止於盡心，便是無我的境界。所以，〝執我〞的第一層境界是〝凡夫俗子〞；〝忘我〞的第二層境界是〝智者賢人〞；而〝無我〞的第三層境界則是〝菩薩聖人〞。至於〝佛〞如如不動的寂靜，本不可名，但為有所指向強曰佛，那更是最高〝真如〞的境界了；佛之如如不動的寂靜，便是對現象界的一切現象，不產生任何反應，不會起心動念，因一起心動念，便墮入因果鍊，進入〝六道輪迴〞。

要如何知道有沒有再造新業力？只要順著〝良心〞去行事，不要勉強自己、勉強別人，更不要逆著〝良心〞做事，就不會再造新業力。因〝良心〞來自於上帝本身，是至善的，就如基督教所說：人類始祖〝亞當〞是來自於上帝本身的形象一樣，所以我們要照著上帝的旨意去做，自然不會再造新業力。相反，如果我們逆著〝良心〞做事，勉強自己，也勉強了別人，就會產生新業

力。〝亞當〞當時，就是因為違背了上帝的旨意，才被趕出伊甸園天堂。而為什麼勉強自己，或勉強別人，皆會產生新業力？因勉強就會有不甘願，有了不甘願就會有怨恨，有了怨恨業力牽引自然產生。這裡所指的勉強自己、勉強別人，是指違背自己的意思或別人的意思，如果是順著自己的意或別人的意，去勉強自己或別人去克服惰性，自然不會有不甘願的現象。

要如何知道沒有業力牽引？只要以〝良心〞做為行為的準則，因〝良心〞在先天上，是來自於上帝本身；在後天上也會隨著時代的脈動，社會道德的塑造，而產生符合時代之需的〝道德標準〞。故只要時時摸著良心，時時向對不起的人懺悔，直到當你摸著良心時，能真心仰天大聲的說：〝我問心無愧！〞即能超生了死，上天堂。

要如何做才能問心無愧？凡事順著〝良心〞，盡心盡力去做，盡心以後才能放心，心一放便從形而下直指形而上之本體，也就是回歸上帝本身。

只要你能摸著良心向天說：「我問心無愧！」而良心沒有不安，那你會上天堂。[30]

總的來說，人民的宗教信仰，要以科學為依據，方能獲得普遍認同。因此，在以理論為基礎，以及大道無名的論證下，我們將可發現，宇宙萬物皆來自上帝本身，其形體（物質體）雖受環境制約而有所演化，卻不離其本質。而潔淨清明的本體（精神體），因受吾人累世業障的矇蔽，以至迷失自我，生生死死輪迴於人世間，牽引著一切恩怨情仇。若要解決一切紛爭，則必須回

---

[30] 詳解請見筆者所著：《警世因果錄》，（臺中：天空圖書，2018 年版）。

歸到上帝本身，而回歸的唯一途徑，即〝反身自求〞，始能明心見性（本體），不假外求。宗教只是一個學習的場所，但非唯一場所，若不明究理，縱是百年道行亦無濟於事，若悟得真理，縱非信徒，亦可歸位。

而要明心見性，則要斷其業力牽引，要斷業力牽引首在業障不留本體的意識內，本體自可回歸潔淨清明的上帝，業障不留在本體的意識內，唯一方法就是不製造業障，如何做才不會製造業障呢？那就是凡事〝心安理得〞，因〝良心〞即來自於上帝。明白這個道理而又能實踐者即是上帝。人人是上帝，一切紛爭、迷信自然消失，沒有紛爭、迷信的人世間便是天堂。這便是「大道無名，存乎於心。」沒有〝名〞沒有〝相〞，只要存在心裏，時時奉行，如同三餐，自然而然的宇宙真理。

三、國家的社會制度

　　〝理想〞如果只是空中樓閣，儘管再美麗也可望不可及，對我們的人生並無意義。故本〝理想主義的社會〞，不管新創立，或由現行共產社會、民主社會等，皆容易轉型而落實。其組織結構如下：

1.架構圖：

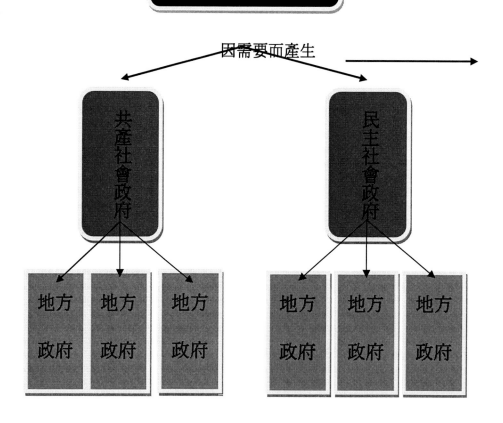

2.組織：

　　理想主義的社會，其核心價值在於一個國家內，至少有兩個以上的社會形態，以供人民選擇。政府組織分為：一級〝中央政府〞，二級〝共產社會政府與民主社會政府(省政府)〞，三級〝縣市地方政府〞等三級。

A.中央政府：

　　a.新創國家：參考共產社會與民主社會的體制制定一級中央政府。

　　b.共產國家：依原有共產國家的中央政府，無須更動。

　　c.民主國家：依原有民主國家的中央政府，無須更動。

B.新創政府/共產社會政府/民主社會政府：

　　a.新創政府：參考共產社會與民主社會的體制制定二級社會政府。

　　b.共產國家：依原有共產國家的省級政府，無須更動。

　　c.民主國家：依原有民主國家的省級政府，無須更動。

C.地方政府：

　　a.新創國家：參考共產社會與民主社會的體制制定三級地方政府。

　　b.共產國家：依原有共產國家的地方政府，無須更動。

　　c.民主國家：依原有民主國家的地方政府，無須更動。

3.運作:

各級政府的領導人,皆由人民在自由意志下選舉產生,不可官派,這是人民的權利,不可剝奪。其運作如下:

A.一級中央政府:負責國防與外交:內政之部會,僅統籌規劃,交由二級政府參考執行,不干預二級政府之內政,僅盡監督之責。

B.二級社會政府:內政獨立運作,並自負盈虧,每年上繳一級中央政府一定的稅額,該稅額中央可強制執行。

C.三級地方政府:縣市自治,但受二級社會政府的監督考核,並自負盈虧,每年上繳二級社會政府一定的稅額,該稅額二級政府可強制執行。

其社會制度之轉型如下:

1.共產國家:

以共產社會為基礎,增加私人企業與私有制財產的制度。提供給人民自由選擇〝創業/私人企業〞,或〝國營企業〞任職,滿一年後即可自由轉換跑道。

2.民主國家:

保有原民主社會的制度,只要擴充國營事業的經營層面,並修改任用條例及待遇標準即可。

　　A.經營層面：凡民生物資如水電、石油、燃煤，以及農產品等的生產與經營，皆納入國營事業，並與私人企業的生產與經營並存，藉由稅賦來平衡國營事業與私人企業之間的競爭。民生物資的需求量大致固定，如對私人企業稅賦過高而不經營，需求的物資自然流向國營事業來生產，對整體而言並不影響。而提高私人企業的稅賦，對人民、對社會均富有很大的幫助。國營單位以自負盈虧為原則，利害與共，以避免造成國家負擔；並負有調節物資，平價物資等功能，以避免通貨膨脹，影響人民生活。

　　B.任用條例：國家考試通過者(通過如臺灣之高考並廢除普考、特考等)，專門培養國家菁英團隊，任用於政府部門、國營事業的管理階層。政府部門及國營事業的基層人員，不須考試，沒有升遷，以避免競爭所引起的內鬥，人民可自由選擇來去自如。凡失業者皆分配到政府部門、國營事業基層工作，國家〝零〞失業率。

　　C.待遇標準：通過國家考試者，比照現有制度；政府部門及國營事業的基層人員，待遇一律平等，且僅能滿足生活的基本需求，並免費提供食、衣、住、行、育、樂的服務。該服務係終身免費，惟要以年為限，年的中途不能轉換跑道，或換區工作。離開單位後所有免費服務即終止，必須滿25年退休後，才有完整的免費終身服務，未滿25年依其比率，但至少要滿10年以上，才能享有部分的免費終身服務。

　　總的來說，理想主義的社會，不管新創立，或由現行共產社會、民主社會等，皆容易轉型而落實。其中制度層面改變最少，贊成者最多，也最容易執行，幾乎沒有負面影響者，便是由民主社會來轉型。可保有原民主社會的制度，只要擴充國營事業的經營層面，並修改任用條例及待遇標準即可達成。

四、國家的防禦能力

國家的防禦能力，主要由兵力、武器及物資所構成：

1.兵力：

捍衛國家，是每個國民應盡的義務，沒有了國家，社會、家庭、個人也將不復存，所謂：「覆巢之下無完卵。」因此，國家兵力之來源，採用義務役，男女平等皆要接受一段時間的訓練，退伍後便編制為後備軍人，到一定的年限，以形成全民皆兵。並依需要及兵員專業，編制成各類軍種。

2.武器：

不管是自製，或是購買，皆應於最短時間內建置完成。北韓雖是小國家，但因擁有核子武器，讓大如美國也不敢輕舉妄動。武器自製是最終目標，不可將國家安全，依賴於他國，並把國防武器交由私人企業來經營，

北韓飛彈部署概略，銀河系列運載火箭佈署於北端聲稱作為科學用途，但也可改裝為彈道飛彈並攜帶核子彈頭。
圖片來源：《維基百科》

可快速發展國防科技，提升研發與生產能量。

國防武器唯有本國可以購買，輸出境外必須經過國家核准，如此便可控制價格及擴展範圍，保有必要的自主性。

3. 物資：

全民及軍隊至少儲備三個月以上所需的物資，在戰爭期間，不能因物資缺乏而自亂陣腳，甚至敗北。

在戰爭期間，所有物資必須保證生產正常，甚至增加備用生產線，以備不時之需。

總的來說，國家的防禦能力之兵力、武器及物資，平時就要完成訓練、儲備等工作。誠如《孫子·九變》上說：「用兵之法，無恃其不來，恃吾有以待也；無恃其不攻，恃吾有所不可攻也。」意即國防的最高法則是不可以心存僥倖，認為敵人不會來，國家安全的信心應建立在隨時準備作戰的基礎上；不可以認為敵人不會進攻而心存僥倖，而應該做好防備，讓敵人無隙可乘。

五、國家的內政管理

　　與國家內政相關，大致有：財政、教育、法務、經濟、交通、勞動、衛福、文化、農業等單位，重要項目說明如下：

1.財政部：

　　國家的財政，是全民生活品質的保障，故應以收支平衡為原則；其稅賦更是解決貧富差距的利器。財政稅收分為中央稅與地方稅兩種：

　　A.中央稅：包含：綜合所得稅、遺產稅、營利事業所得稅、贈與稅、貨物稅、證券期貨交易稅等，以支應國家應有的負擔，並以使用者付費原則，凡至中央機關申請辦理事項者，需繳交一定的費用，以期自給自足；尤其是以稅賦為利器，縮短貧富差距。其中之綜合所得稅、遺產稅、營利事業所得稅、贈與稅是造成貧富差距的主要原因，可以從級距稅率之制定，來制約貧富差距過大而造成社會動亂，又可增加稅收，嘉惠人民。

　　B.地方稅：地方稅包含：使用牌照稅、房屋稅、契稅、地價稅、土地增值稅，以及營業稅、人頭稅等，以支應地方應有的負擔，並以使用者付費原則，凡至地方機關申請事項者，需繳交一定的費用，以期自給自足，自負盈虧，中央不補助地方。其中之營業稅與人頭稅，是地方政府能力的表現，建設好地方，就能吸引企業投資，公司林立來工作者多，營業稅與人頭稅的稅收自然增加。

2.教育部：

教育是百年樹人，是文化的傳承。國家滅亡還有復興的一天，文化消失便萬劫不復。可見其對人民的重要性。教育包含義務教育、成人教育，以及教育內容等，茲說明如下：

A.義務教育由國家負擔：國家承擔20年的義務教育，從幼稚園、小學以至大學畢業為止，並以區域為單位。就學以戶籍區域為限，沒有明星學校，學籍跟隨戶籍移轉，如此便可解決跨區就學而產生人口大量移動，影響交通負荷，及浪費資源。

B.免費的成人教育：著重於職業技能，以及民主素養的養成，並利用現有學校資源，於夜間或假日開設訓練或養成課程。

C.教育內容：常識與專業知識並重，德育、體育，以及民主素養應注重養成。

3.法務部：

對善人應保護其人權；對惡人應剝奪其人權。因對惡人仁慈，便是對善人殘忍。凡嚴刑峻法的國家，如北韓、新加坡等，社會治安就非常好；凡鬆刑輕法

新加坡鞭刑圖片來源：截自《You Tube・新加坡鞭刑全過程公開》

的國家，如美國、臺灣等，社會治安就非常差。臺灣為何會淪為詐騙集團的天堂，就是因為刑責非常輕，依照目前《刑法》339條規定，詐欺可處5年以下有期徒刑、拘役或併科50萬元以下罰金，詐騙集團所得的金額，動輒上千萬或數十億元，罰50萬元以下，有誰會怕？新加坡為何沒人敢偷搶，因為鞭刑[31]的痛，讓人痛不欲生。

因此，律法應制定嚴格，執行還是操控在政府手中，鬆嚴自如。尤其是破壞社會安寧者，必須採用新加坡模式的鞭刑，方能制止惡人的囂張，還給人民一個清明的社會。

4.經濟部：

經濟發展是國家財力的象徵，也是均富社會的保障，均貧、貧富不均皆是造成社會動盪的主因，均富社會人民才能安居樂業。故除民生物資之重工業生產，必須操之在我的自給自足外，其他應以輕工業，尤其是高科技產業為主。21世紀是〝知識經濟〞[32]的時代，是低成本高獲利的產業，又能保護環境，世界各國無不往這方面發展。

---

[31] 〝鞭刑〞，即是用一根 1.2 米長、1.27 厘米粗的藤鞭，抽打全身脫光的犯人屁股，一鞭子下去皮開肉綻，沒有囚犯能扛過 6 鞭。

[32] 根據經濟合作與發展組織（OECD）的定義，〝知識經濟〞是指『以知識資源的擁有、配置、產生和使用，為最重要生產因素』的經濟型態；其中，〝知識〞包括人類迄今為止創造的所有知識，以科學技術、管理和行為科學為最重要的部分，其具體形式則表現在〝人力資源〞和〝科技〞上；在工業經濟時代，資本、有形資產（設備）和勞動力為核心生產要素，知識的重要性不及資本、設備與勞動力，而知識經濟則是以科學知識為主的創新為最重要，這是由於知識、技術水準的提高和擴散，改變了傳統生產要素的組合方法和作用方式，生產力大幅提昇，知識對於促進經濟發展成長的重要性因而超越了傳統的生產要素，使得知識愈來愈成為經濟成長和品質提高的主要動力，因此在近來受到各國普遍重視。

5.交通部：

交通便捷，乃社會必備之條件。可惜！世界各國的大都會，人民都飽受塞車之苦，不但浪費資源，也浪費時間。其主因在於，上下班時間及假日旅遊等在同一個時段內，造成人口大量移動所致。要解決這個問題的方法有三：

A.建造便捷的公共運輸系統，提供民眾免費搭乘；提高私人交通工具的成本，以價制量，有效改善交通環境。

B.國營事業與私人企業的上下班時間錯開而有彈性，不要在同一個時段內，以減輕交通負荷。

C.國營事業所提供員工之食、住等生活圈，在事業所在地一定的範圍內，走路即可到達為原則。

6.勞動部：

以法令制度要求，事業單位必須善盡保障勞工待遇、安全、福利、醫療，以及工作保障等事項。

7.衛福部：

衛福部即衛生福利部，除依現有制度執行外，必須做到有三：

A.**生育由國家負擔**：在公立醫院生產免費；在私立醫院生產則補助公立醫院生產的同額費用，多出部分自行吸收。

B.**養育由國家扶養**：由國家扶養到七歲上小學。

C.**老年由國家終養**：老年人，以及鰥、寡、孤、獨、廢疾者，皆應規劃由國家負責終養。

8.文化部：

依現有制度執行，並注重文化典藏、傳承與自由。

9.農業部：

農產品生產，共產社會是計畫生產，大致上不會有生產過剩或不足的現象，然缺乏競爭，進步有限；民主社會是自由生產，常會發生生產過剩或不足的現象，進而造成物價波動，影響人民生活，然激烈競爭，進步神速。農產品為民生重要物資，宜穩定供應，故採用計畫生產，並朝有機方向發展，既可提高農民收入，進而保護環境，以及人民身體的健康，一舉數得。

至於不在內政之外交部，因受國際情勢所制約，自然要依國際情勢流動來規畫執行。

總的來說，有關財政方面：中央稅以收支平衡為原則，並善用級距稅率來解決貧富差距；而地方稅是地方政府自負盈虧的能力表現，建設好地方，就能吸引更多企業投資，就有更多人可以就業，營業稅與人頭稅的稅收自然增加。有關教育方面：國家承擔20年的義務教育，從幼稚園、小學以至大學畢業；免費的成人教育，著重於職業技能，以及民主素養的養成；教育內容則常識與專業知識並重，尤其是德育及民主素養的養成。有關法務方面：律法應制定嚴格，對於破壞社會安寧者，宜採用新加坡模式的鞭刑，方能制止惡人的囂張，還給人民一個清明的社會。有關經濟方面：除民生物資之重工業生產，需自給自足外，其他應以

輕工業，尤其是發展高科技產業為主。有關交通方面：建造便捷的公共運輸系統，提供民眾免費搭乘；國營事業與私人企業的上下班時間錯開而有彈性；國營事業所提供員工之食、住等生活圈，在事業所在地一定的範圍內為原則。有關勞動方面：善盡保障勞工待遇、安全、福利、醫療，以及工作保障等事項。有關衛福方面：生育由國家負擔、養育由國家扶養七年，以及老年人、鰥、寡、孤、獨、廢疾者皆由國家負責終養。有關文化方面：注重文化典藏、傳承與自由。有關農業方面：採用計畫生產，並朝有機方向發展。

六、人性的私慾無窮

人性雖是自私，但它的私性是有層次，由內而外。首先爭奪自己的利益，次之保護自己的家庭，再維護自己的社會，最後捍衛自己的國家。凡是與自己家庭、社會、國家的利益衝突者，必會產生紛爭。這種紛爭的強弱，係依需求來決定，並受利害關係的制約，需求越高，制約越弱，紛爭就越強，依此類推。

人性自私的層次圖
圖片來源：作者自製

因此，要解決這種紛爭，在於滿足人民的基本需求，並以賞罰作為制約力量，以避免私慾無窮的禍端。所以，國家應順乎人性、引導人性，並做到：

1.保障人民的基本生活[33]。

2.保障人民的工作權利。

3.保障人民的幼有所養。

4.保障人民的老有所終。

總的來說，要解決人性私慾無窮所帶來的紛爭，在於滿足人民的基本需求，並以賞罰作為制約力量，以避免私慾無窮的禍

---

[33] 對於**保障人民的基本生活**，共產國家採用社會制度的方式，民主國家則採用福利救濟的方式；社會制度的方式乃平等對待人民，而福利救濟的方式乃不平等對待弱勢，恐有歧視之嫌，故自然以社會制度的方式為佳。

端。保障人民的基本生活、保障人民的工作權利、保障人民的幼有所養，以及保障人民的老有所終，是健全社會的制度，是安寧社會之所在。

綜上所論，要解決人民意識形態的衝突，便要提供一個不衝突的意識形態，只要給人民一個可以選擇生活的社會制度，意識形態便僅存在各自信仰中而不衝突，此便是理想主義的社會。

而人民的宗教信仰，要以科學為依據，方能獲得普遍認同。因此，在以理論為基礎，以及大道無名的論證下，我們發現，宇宙萬物皆來自上帝本身，其形體（物質體）雖受環境制約，而有所演化，卻不離其本質。而潔淨清明的本體（精神體），因受吾人累世業障的矇蔽，以至迷失自我，生生死死輪迴於人世間，牽引著一切恩怨情仇。若要解決一切紛爭，則必須回歸到上帝本身，而回歸的唯一途徑，即〝反身自求〞，始能明心見性（本體），不假外求。宗教只是一個學習的場所，但非唯一場所，若不明究理，縱是百年道行亦無濟於事，若悟得真理，縱非信徒，亦可歸位。要明心見性，則要斷其業力牽引，要斷業力牽引首在業障不留本體的意識內，本體自可回歸潔淨清明的上帝，業障不留在本體的意識內，唯一方法就是不製造業障，如何做才不會製造業障呢？那就是凡事〝心安理得〞，因〝良心〞即來自於上帝。明白這個道理而又能實踐者即是上帝。人人是上帝，一切紛爭、迷信自然消失，沒有紛爭、迷信的人世間便是天堂。這便是「大道無名，存乎於心。」沒有〝名〞沒有〝相〞，只要存在心裏，時時奉行，如同三餐，自然而然的宇宙真理。

有關國家的社會制度，在於理想主義的社會，不管新創立，或由現行共產社會、民主社會等，皆容易轉型而落實。其中制度層面改變最少，贊成者最多，也最容易執行，幾乎沒有負面影響

者，便是由民主社會來轉型。可保有原民主社會的制度，只要擴充國營事業的經營層面，並修改任用條例及待遇標準即可達成。

有關國家的防禦能力，其兵力、武器及物資，平時就要完成訓練、儲備等工作。

有關國家的內政管理，在財政方面：中央稅以收支平衡為原則，並善用級距稅率來解決貧富差距；而地方稅是地方政府自負盈虧的能力表現，建設好地方，就能吸引更多企業投資，就有更多人可以就業，營業稅與人頭稅的稅收自然增加。在教育方面：國家承擔20年的義務教育，從幼稚園、小學以至大學畢業；免費的成人教育，著重於職業技能，以及民主素養的養成；其教育內容則常識與專業知識並重，尤其是德育及民主素養的養成。在法務方面：律法應制定嚴格，對於破壞社會安寧者，宜採用新加坡模式的鞭刑，方能制止惡人的囂張，還給人民一個清明的社會。在經濟方面：除民生物資之重工業生產，需自給自足外，其他應以輕工業，尤其是發展高科技產業為主。在交通方面：建造便捷的公共運輸系統，提供民眾免費搭乘；國營事業與私人企業的上下班時間錯開而有彈性；國營事業所提供員工之食、住等生活圈，在事業所在地一定的範圍內為原則。在勞動方面：善盡保障勞工待遇、安全、福利、醫療，以及工作保障等事項。在衛福方面：生育由國家負擔、養育由國家扶養七年，以及老年人、鰥、寡、孤、獨、廢疾者皆由國家負責終養。在文化方面：注重文化典藏、傳承與自由。有關農業方面：採用計畫生產，並朝有機方向發展。

而要解決人性私慾無窮所帶來的紛爭，則在於滿足人民的基本需求，並以賞罰作為制約力量以避免私慾無窮的禍端。保障人民的基本生活、保障人民的工作權利、保障人民的幼有所養，及保障人民的老有所終，是健全社會的制度，是安寧社會之所在。

陸、結 論

本書乃以〝人生以幸福為目的〞的立場來論述，並秉持邏輯實證論的精神，不管是問題論證或是筆者主張，皆以務實為基礎，以科學為依據。從造成國家紛亂之根源：人民的意識形態、人民的宗教信仰、國家的社會制度、國家的防衛能力、國家的內政管理，以及人性的私慾無窮等六大問題，貫穿全場。分析其根源產生的原由，如何去解決？進而以理想主義的社會，不管是共產社會體制，或民主社會體制，皆能落實，是改變現有體制最少，最容易實現，也是最理想的一種體制，它就是〝理想主義的社會〞，才能達到《理想國度》之目的。最後做出總結，並提出〈理想國度人間天堂〉，以讓世人參考。

人類的生命無價，是唯一，也是獨一，任何人皆不可剝奪。人生以幸福為目的，它是主觀的，各自有各自主觀上的幸福，追求生活安逸者，其人生會顯得消極慵懶，可能較適合共產社會的體制；追求生命意義者，其人生會顯得積極進取，可能較適合民主社會的體制，理想主義的社會，便是提供一個選擇的機會，並確保他們的選擇權，且留有後悔的機會。而選擇權是人類與生俱來的天賦人權，任何人都不可剝奪。

本書經由以上之分析、論證，所得的結果，及其建議如下：

一、總結

1.在國家興衰之回顧方面，可以歸結為：

一國之興衰，興於主政者賢明、實施儒家仁政，並有強大武力為後盾，經濟發達，人民生活富足安逸；衰於主政者剛愎自用、年幼無能、苛刻寡恩、藩鎮割據、宦官干政、寵臣專權、黨

爭、貪污、政治腐敗、民不聊生，以及外患所致。可見，一國興盛之必備條件有四：一為主政者賢明，二為以儒家思想為核心，三為強大武力為後盾，四為民生富足安逸；一國之衰敗只要具備其中之一者，即有可能導致滅亡：一為主政者無明辨是非及自我反省的能力，二為苛刻寡恩，三為藩鎮割據地方越權，四為宦官內眷干政及外戚寵臣專權，五為黨爭內鬥，六為貪污腐敗，七為民不聊生，以及八為外患所致。

2.在國家紛亂之根源方面，可以歸結為：

造成國家紛亂根源之一的人民意識形態之衝突，在於多元意識形態所致；而造成國家紛亂根源之二的人民宗教信仰之衝突，也是因多元宗教信仰所致；造成國家紛亂根源之三的國家社會制度之動盪，則因不符人民期待所致；造成國家紛亂根源之四的國家防禦能力之薄弱，自然無能力平定內亂，也無能力抵禦外侮；而造成國家紛亂根源之五的國家內政管理之無能，主要在於人民生活貧困，是一個國家或政權的興衰、甚至更替的重要因素；造成國家紛亂根源之六的人性私慾無窮，則是破壞人際關係、社會和諧，以及世界和平的最大因素。

3.在國家紛亂之解決方面，可以歸結為：

要解決國家紛亂根源之一的人民意識形態之衝突，在於一個國家應只有一個意識形態，提供給全國人民來信仰，該信仰必須以人民為主，服務並保障人民，進而達到全民幸福的生活。而解決國家紛亂根源之二的人民宗教信仰之衝突，也在於一個國家應只有一個國家宗教，提供給全國人民來信仰，該宗教應以科學為

依據，並可以闡釋宇宙的奧秘，使宗教不再帶著神秘的面紗，又能具備天道自然，日月星辰四時運轉的循環，並好壞都會回饋自身，不假他手，方能取得知識分子與一般民眾的信服。解決國家紛亂根源之三的國家社會制度之動盪，在於民主社會與共產社會互有優缺，可以各取所需，也就是取長補短，相得益彰，綜合成為另一種國家的體制。解決國家紛亂根源之四的國家防禦能力之薄弱，在於武力、財力，以及團結這三大基石上，擁有強大的軍事武力，才能產生恐怖平衡，他國才不敢越雷一步；雄厚的財力，才能發展強大的軍事武力，也才有能力應付各種災難，以確保人民的身家安全，及人民的生活水準；而全體人民有共同的國家意識，共同的利害關係，便能團結一致對外。而解決國家紛亂根源之五的國家內政管理之無能，主要在於發展經濟，使民豐衣足食，而後知廉恥，社會自然安穩。解決國家紛亂根源之六的人性私慾無窮，則在於如大禹治水以疏導方法，利用人性私利的自然趨勢，引導至善端，並以刑罰為輔助手段，使人民不敢為惡，社會自然和樂。

最後，透過教育環境，從小就置身於單一的意識形態、單一的宗教信仰、單一的社會體制(生活在共產社會即受其體制教育；生活在民主社會即受其體制教育)等成長，進而提升個人的民主素養，客觀、理性、識大體、有遠見等，從而站在屋頂架構上看待人生，既以幸福為目的，有些事是不得不為，縱然個人深具國際觀，甚至受到西方文化的影響也能體諒，甚至贊成如此的做法。

4.在國家理想之體制方面，可以歸結為：

在人民的意識形態方面：提供一個不衝突的意識形態，只要給人民一個可以選擇生活的社會制度，意識形態便僅存在各自信仰中而不衝突，此便是〝理想主義的社會〞。

在人民的宗教信仰方面：要以科學為依據，方能獲得普遍認同。因此，在以理論為基礎，以及大道無名的論證下，我們發現，宇宙萬物皆來自上帝本身，其形體（物質體）雖受環境制約而有所演化，卻不離其本質。而潔淨清明的本體（精神體），因受吾人累世業障的矇蔽，以至迷失自我，生生死死輪迴於人世間，牽引著一切恩怨情仇。若要解決一切紛爭，則必須回歸到上帝本身，而回歸的唯一途徑，即〝反身自求〞，始能明心見性（本體），不假外求。宗教只是一個學習的場所，但非唯一場所，若不明究理，縱是百年道行亦無濟於事，若悟得真理，縱非信徒，亦可歸位。要明心見性，則要斷其業力牽引，要斷業力牽引首在業障不留本體的意識內，本體自可回歸潔淨清明的上帝，業障不留在本體的意識內，唯一方法就是不製造業障，如何做才不會製造業障呢？那就是凡事〝心安理得〞，因〝良心〞即來自於上帝。明白這個道理而又能實踐者即是上帝。人人是上帝，一切紛爭、迷信自然消失，沒有紛爭、迷信的人世間便是天堂。這便是「大道無名，存乎於心。」沒有〝名〞沒有〝相〞，只要存在心裏，時時奉行，如同三餐，自然而然的宇宙真理。

在國家的社會制度方面：建置一個〝理想主義的社會〞，不管新創立，或由現行共產社會、民主社會等，皆容易轉型而落實。其中制度層面改變最少，贊成者最多，也最容易執行，幾乎沒有負面影響者，便是由民主社會來轉型。可保有原民主社會的

制度，只要擴充國營事業的經營層面，並修改任用條例，以及待遇標準即可達成。

在國家的防禦能力方面：其兵力、武器及物資，平時就要完成訓練、儲備等工作。

在國家的內政管理方面：在財政方面：中央稅以收支平衡為原則，並善用級距稅率來解決貧富差距；而地方稅是地方政府自負盈虧的能力表現，建設好地方，就能吸引更多企業投資，就有更多人可以就業，營業稅與人頭稅的稅收自然增加。在教育方面：國家承擔 20 年的義務教育，從幼稚園、小學以至大學畢業；免費的成人教育，著重於職業技能，以及民主素養的養成；教育內容則常識與專業知識並重，尤其是德育及民主素養的養成。在法務方面：律法應制定嚴格，對於破壞社會安寧者，宜採用新加坡模式的鞭刑，方能制止惡人的囂張，還給人民一個清明的社會。在經濟方面：除民生物資之重工業生產，需自給自足外，其他應以輕工業，尤其是發展高科技產業為主。在交通方面：建造便捷的公共運輸系統，提供民眾免費搭乘；國營事業與私人企業的上下班時間錯開而有彈性；國營事業所提供員工之食、住等生活圈，在事業所在地一定的範圍內為原則。在勞動方面：善盡保障勞工待遇、安全、福利、醫療，以及工作保障等事項。在衛福方面：生育由國家負擔、養育由國家扶養七年，以及老年人、鰥、寡、孤、獨、廢疾者皆由國家負責終養。在文化方面：注重文化典藏、傳承與自由。有關農業方面：採用計畫生產，並朝有機方向發展。

在人性的私慾無窮方面：則在於滿足人民的基本需求，並以賞罰作為制約力量，以避免私慾無窮的禍端。保障人民的基本生活、保障人民的工作權利、保障人民的幼有所養，以及保障人民的老有所終，是健全社會的制度，是安寧社會之所在。

二、理想國度人間天堂

人類自生命開端後，以至今日，一部人類的求生史，皆因需求不足而爭奪不斷。這種爭奪來自於相對的存在，擁有一方，必須捍衛；需求一方，必須爭取，在無法平衡下，便產生爭奪。一部人類的文明史，皆為尋求平衡而努力，然至今日還未求得平衡的有效方法，爭奪依舊不斷。

其中，相對的存在，在於有相對就有比較，有比較就有高低，有高低就有爭奪，這是人性，小至個人與個人之間，大至國家與國家之間皆是如此。然人無法離群而居，相對就永遠存在。所以，要解決爭奪現象，國家除以財力為後盾，以滿足人民需求外，必須做到相對比較無差別，也就是人與人之間無高低，國與國之間無差別，爭奪現象便可引刃而解，世界大同指日可待。

今日之世界，如同地球村，資訊發達，人口流動頻繁，想要國與國之間無差別，是不能用阻斷方式為之，必須與先進國家生活水準同步，讓人民覺得我們的生活不比別人差。所以，理想國度之人間天堂，是無貨幣、無易物、無交易行為、無財產概念、無犯罪，所有物資皆為國有，皆為人民所有，人民依其所需，自由取捨：

1.在食的方面：

在生活區，設立食堂；在都會區，廣設各式餐館，讓人民走到哪裏吃到哪裡！伙食供應，從粗茶淡飯到山珍海味到各式吃法皆有。

2.在衣的方面：

在生活區，設立商店；在都會區，廣設百貨公司，讓人民走到哪裏穿用到哪裡！商店供應，從生活必需品到奢侈品皆有。

3.在住的方面：

在生活區，設立住宅；在都會區，廣設大飯店，讓人民走到哪裏住到哪裡！住宅供應為長時間居住；大飯店供應為短時間居住。

4.在行的方面：

全國建設高速公路、捷運系統、公車及計程車等便捷交通運輸網，讓人民想到哪裏就去到哪哩！時間緊急揮手計程車便來，去哪裡皆可。

5.在育的方面：

在生活區，設立生育及幼兒場所；在都會區，設立 16 年一貫學校，從小學以至大學的義務教育；研究所之碩博班為自由選擇，無須考試，想讀就可以讀，但必須通過一定的考核，才能畢業。

6.在樂的方面：

在生活區，設立小型遊樂場所；在都會區，設立大型遊樂場所，讓人民走到哪裏玩到哪裡。全國廣設國家公園等，讓知者樂水，仁者樂山，皆能如魚得水。

7.在病的方面：

在生活區，設立小型醫院；在都會區，設立大型醫院，讓人民的病痛，獲得良好的照顧。

8.在死的方面：

以縣市為單位，設立焚化爐，以及肥料製造工廠一貫，將死者送入焚化爐燒成灰，自動送進肥料製造工廠製作成肥料，撒在農田，讓死者回歸大地；或將死者骨灰樹葬，除可見到生命的延續，又可保環境整潔，一舉兩得。

9.在工作的方面：

A.大學或研究所畢業，必須服兵役兩年，男女平等，以確保國家安全。

B.從大學或研究所畢業，到 65 歲間，必須工作滿 25 年，以維持國家正常運作。

C.以縣市為單位，設立民生必需品生產廠，並分散在生活區生產，或生活區設在生產廠周邊，以減少人口流動。

D.以省市為單位，設立科學園區，生產奢侈品並出口，以賺取外匯，且將生活區設在園區內或周邊，以減少人口流動。

E.以國家為單位，設立重工業區，生產重型民生用品並出口，以賺取外匯，且將員工生活區設在工業區有一定距離的外圍，以保護從業人員的健康。

F.國家依人民專長分配工作,從現場作業人員到管理階層不等;人民依其興趣,自由選擇工作性質及工作場所,但必須符合專長,以及工作場所與生活區域不得分離。

　　G.限定每人每天之工作時數,以及生產數量,如無法計量,依其比例為之,並以獎懲作為制約力量。

　　以上是普遍性的原則,如有特殊性,再特殊處理。至於人民出國留學,所有費用由國家支應;人民出國旅遊,在國家財政許可下,所有費用由國家支應,如不允許,則由個人支付,國家並設立可以賺取貨幣的場所,以供人民出國使用。

國家圖書館出版品預行編目（CIP）資料

理想國度 / 蔡輝振 編撰－初版－
臺中市：天空數位圖書　2023.12
版面：17 公分 X 23 公分
ISBN：978-626-7161-82-1（平裝）
1.CST：理想國度 2.CST：理想主義的社會 3.CST：人性性私
549.8　　　　　　　　　　　　　　　　　　　　112022405

書　　　名：理想國度
發 行 人：蔡輝振
出 版 者：天空數位圖書有限公司
編　　撰：蔡輝振
版面編輯：採編組
美工設計：設計組
出版日期：2023年12月（初版）
銀行名稱：合作金庫銀行南臺中分行
銀行帳戶：天空數位圖書有限公司
銀行帳號：006-1070717811498
郵政帳戶：天空數位圖書有限公司
劃撥帳號：22670142
定　　價：新臺幣580元整
電子書發明專利第 I 306564 號

服務項目：個人著作、學位論文、學報期刊等出版印刷及DVD製作
影片拍攝、網站建置與代管、系統資料庫設計、個人企業形象包裝與行銷
影音教學與技能檢定系統建置、多媒體設計、電子書製作及客製化等
TEL　：(04)22623893　　　　MOB：0900602919
FAX　：(04)22623863
E-mail：familysky@familysky.com.tw
Https ://www.familysky.com.tw/
地　　址：台中市南區忠明南路 787 號 30 樓國王大樓
No.787-30, Zhongming S. Rd., South District, Taichung City 402, Taiwan (R.O.C.)